創設黃英杰體育獎學金 誌慶

提昇國家運動實力
精鍊個人體能競技

國際奧會榮譽委員徐亨敬題

岭南大学体育图史

Lingnan Daxue Tiyu Tushi

李静波 编著

中山大学出版社
·广州·

版权所有　翻印必究

图书在版编目（CIP）数据

岭南大学体育图史/李静波编著. —广州：中山大学出版社，2020.12

ISBN 978-7-306-06976-4

Ⅰ.①岭…　Ⅱ.①李…　Ⅲ.①岭南大学—体育运动史—图集　Ⅳ.①G807.4-64

中国版本图书馆 CIP 数据核字（2020）第 181326 号

出 版 人：	王天琪
策划编辑：	赵　婷
责任编辑：	赵　婷
封面设计：	曾　斌
责任校对：	叶　枫
责任技编：	何雅涛
出版发行：	中山大学出版社
电　　话：	编辑部 020-84110771，84110283，84111997，84110779
	发行部 020-84111998，84111981，84111160
地　　址：	广州市新港西路 135 号
邮　　编：	510275　传　真：020-84036565
网　　址：	http://www.zsup.com.cn　E-mail: zdcbs@mail.sysu.edu.cn
印 刷 者：	广州市友盛彩印有限公司
规　　格：	889mm×1294mm　1/16　11.75 印张　228 千字
版次印次：	2020 年 12 月第 1 版　2020 年 12 月第 1 次印刷
定　　价：	30.00 元

如发现本书因印装质量影响阅读，请与出版社发行部联系调换

内 容 简 介

本书通过对文献的挖掘整理,主要以图片的形式,展示了岭南大学的体育历史及其优良的体育传统,其中包括岭南大学健全的体育制度、体育教学和课外体育活动,以及辉煌的体育竞赛成绩。岭南大学的学生运动员参加了多届远东运动会和1936年柏林奥运会等体育盛会,产生的杰出人物包括第一代"远东球王"唐福祥,柏林奥运会田径选手司徒光,国家排球队队长郭琳爽、黄仁让,国际奥委会委员徐亨,等等,对中国近代体育作出了积极的贡献。

本书由中山大学 2019 年重点发展项目
文化传承专项经费资助

目 录

第一章　岭南大学概况 …………………………………………… 1
　　第一节　门牌、校徽 ……………………………………… 2
　　第二节　孙中山在岭南大学 ……………………………… 5
　　第三节　体育场馆 ………………………………………… 6

第二章　体育先锋，近代传播 …………………………………… 11
　　第一节　足球 ……………………………………………… 11
　　第二节　田径 ……………………………………………… 21
　　第三节　排球 ……………………………………………… 30
　　第四节　篮球 ……………………………………………… 39
　　第五节　网球 ……………………………………………… 44
　　第六节　棒球、垒球 ……………………………………… 49
　　第七节　游泳与划船 ……………………………………… 55
　　第八节　武术 ……………………………………………… 61
　　第九节　橄榄球 …………………………………………… 64
　　第十节　自行车 …………………………………………… 66

第三章　体育制度，保障运行 …………………………………… 69
　　第一节　体育委员会及《体育委员会章程》…………… 69
　　第二节　体育课及军训 …………………………………… 71
　　第三节　体育会费、奖学金、奖状和"三好学生"标准 …… 76

第四章　锻炼救国，提倡体育 …………………………………… 82
　　第一节　课外体育、校内校际比赛 ……………………… 83
　　第二节　学生体育会及体育筹款 ………………………… 96

· 1 ·

第三节　岭南大学体育啦啦队及队歌……………………………… 104
第四节　欢送会、欢迎会、庆功会、宴会…………………………… 107
第五节　男女同校的先驱…………………………………………… 112

第五章　雄踞南国，名扬海外……………………………………………… 119
第一节　广东省运动会……………………………………………… 119
第二节　全国运动会（民国时期）…………………………………… 126
第三节　远东运动会………………………………………………… 131
第四节　1936年柏林奥运会………………………………………… 145

第六章　思想渊源，精神动力……………………………………………… 148
第一节　教会文化，重视体育……………………………………… 148
第二节　孙中山的"强国强种"思想………………………………… 154
第三节　钟荣光校长，办校辉煌…………………………………… 159

第七章　体育杰出人物……………………………………………………… 163
第一节　唐福祥……………………………………………………… 163
第二节　徐亨………………………………………………………… 165
第三节　郭琳爽……………………………………………………… 167
第四节　黄仁让……………………………………………………… 168
第五节　司徒光……………………………………………………… 169
第六节　伍舜德……………………………………………………… 171
第七节　刘权达……………………………………………………… 172
第八节　陈光耀……………………………………………………… 174
第九节　郭刁萍……………………………………………………… 176

附　录　《广州市志（体育卫生志）》"大事记"之岭南大学相关部分
　　　　（1841—1946年）……………… 广州市体育运动委员会 179

第一章　岭南大学概况

岭南大学是民国期间著名的教会大学。1888年，美国基督教长老会在广州沙基金利埠（现六二三路）开办格致书院，学校以"本诸基督精神设施最高标准的教育"为办学理念，通过德育、智育、体育、群育等素养教育，培养学生的高尚人格，使其乐于服务社会、造福人群。传教士安德鲁·哈巴为首任监督（即校长）。1900年，格致书院迁往澳门。1904年，格致书院回迁至广州康乐村，即现在的中山大学广州校区南校园，改名为岭南学堂（Canton Christian College）。1907年，创办人之一、美国牧师尹士嘉回国，晏文士接任监督，钟荣光出任协理校务一职。1912年，岭南学堂改名为岭南学校；1916年，成立大学部；1918年，改名为岭南大学（Lingnan University）。岭南大学开办之初，规模不大，还缺乏开设完整大学课程的条件，仅办大学预科和本科一、二年级，开设了英文、格致、理化、算术、地理、生物等西学课程，主张在教学中运用实验方法，体育课也成为学校教育的重要部分。1927年，岭南大学收归中国人自办，改名为私立岭南大学，钟荣光任校长。1936年，博济医院及其附设医学校并入岭南大学，成为岭南大学医学院。

自20世纪30年代起，岭南大学先后设立文、理、工、农、商、医等学院；理科开始招收研究生，颁授硕士学位，还与美国、日本、菲律宾等国的一些大学建立交换生制度，并和美国纽约大学相互承认毕业生学位。岭南大学的教学注重基础理论，大力发展自然科学，重视英语训练，提倡体育运动，学术氛围浓厚，国内不少著名学者曾在此任教，如王力、陈寅恪、甘乃光、陈心陶、谢志光、陈国桢等，培养的著名学生有梁宗岱、廖承志、冼星海、陈香梅等。岭南大学在规模、管理、教学等方面，都堪称广东近代教育的楷模。孙中山曾评价岭南大学与"其余的学校比较起来，不但是在广东可以说是第一，就是在中国西南各省，也可算是独一无二"①。1937年，因抗日战争之故，岭南大学南迁香港，1942年北上韶关。抗日战争胜利后，岭南大学重返广州康乐村。1952年，全国高等学校院系调整，岭南大学的文理科院系与中山大学等高等院校的相关院系组建成新的中山大学，中山大学的校址从石牌村迁入岭南大学校址康乐村。

第一节 门牌、校徽

民国时期的岭南大学门牌（图1-1）立在校园北面的珠江边，位于珠江南岸。孙中山等人从广州市区过来视察时，需要从珠江北岸的天字码头乘船到岭南大学外的北门码头（图1-2），从码头向南走，就进入到北校门（图1-3）。

图1-1 岭南大学门牌②

---

① 黄义祥编著：《中山大学史稿1924—1949》，中山大学出版社1999年版，第5页。
② 李瑞明编：《岭南大学》，（香港）岭南（大学）筹备发展委员会1997年版，封2。

图1-2　1936年，岭南大学外的北门码头外景①

图1-3　岭南大学北门②

---

① 陈国钦、袁征：《瞬逝的辉煌：岭南大学六十四年》，广东人民出版社2008年版，第53页。

② 黄菊艳主编：《近代广东教育与岭南大学》，（香港）商务印书馆1995年版，第120页。

图1-4为20世纪40年代航空拍摄的岭南大学校园全景图①,其中就包括西大球场、篮球场、足球场和游泳池。

图1-4 20世纪40年代航空拍摄的岭南大学校园全景

岭南大学的校徽为红底灰色(图1-5)。所以当时岭南大学的学生运动员又被称为"红灰健儿"或"红灰狮子",后者用于形容他们如狮子般的勇敢威猛。

图1-5 岭南大学校徽

---

① 黄菊艳主编:《近代广东教育与岭南大学》,(香港)商务印书馆1995年版,第69页。

第二节 孙中山在岭南大学

孙中山非常重视岭南大学,多次到岭南大学宣传革命思想。岭南大学首任华人校长钟荣光是兴中会会员,也是孙中山革命的追随者,与孙中山的关系密切,经常邀请孙中山到岭南大学演讲。1912年5月7日,孙中山莅临岭南学堂参观,在马丁堂前向师生做《非学问无以建设》的演讲,宣传革命思想,并与师生合影留念(图1-6)。

图1-6 1912年,孙中山在马丁堂前与岭南学堂师生合影①

1923年12月21日,孙中山与宋庆龄视察岭南大学②,发表著名

---

① 黄菊艳主编:《近代广东教育与岭南大学》,(香港)商务印书馆1995年版,第181页。
② 黄菊艳主编:《近代广东教育与岭南大学》,(香港)商务印书馆1995年版,第183页。

演讲《立志要做大事，不可要做大官》。

岭南大学也涌现了许多孙中山革命思想的追随者，如参加黄花岗起义的国画大师高剑父、第五届全国人大常委会副委员长廖承志、人民音乐家冼星海等。孙中山的革命思想、体育思想对岭南大学产生了深刻的影响。

第三节 体育场馆

岭南大学的大多数建筑（现在的中山大学红楼）中西合璧，兼具岭南特色。当时的建筑经费来源于教会、华侨等社会筹款，如陈嘉庚就捐建了一座"陈嘉庚纪念堂"。当时，岭南大学聘请欧洲的设计师来设计校园和房屋，至今有57栋楼房属于广东省级重点保护文物，有的还曾获得中华人民共和国住房和城乡建设部的建筑设计奖。

岭南大学重视体育，因此体育场馆非常多，学生开展体育运动很方便。岭南大学的教学楼和宿舍前后都有运动场，有东区、中区、西区三大运动场。

1904年，岭南学堂由澳门迁回广州康乐村新校舍，学校专门辟设田径运动场（图1-7），市内各校亦相继仿效。

图1-7 岭南学堂的足球场、网球场、棒垒球场①

---

① 黄菊艳主编：《近代广东教育与岭南大学》，（香港）商务印书馆1995年版，第68页。

岭南大学体育教员萧殿廉曾说：

> 学校回迁康乐村后，校址辽阔，各种运动场应有尽有——如足球场、排球场、篮球场、网球场、田径运动场等，或有两三处者，至通往小港桥之南北两路又自然成为练习长程赛跑路线，往返一圈总有十里路。①

1917年，随着学校建设速度的加快，体育场馆就更加丰富了（图1-8）。"体育一直是学生生活中的一个重要方面，学校有五个英式足球场，十个篮球场，四个排球场，十五个网球场，一个游泳池和一个带跑道的田径场。"②

图1-8　岭南大学开阔的足球、篮球活动场所③

---

① 李瑞明编：《岭南大学》，（香港）岭南（大学）筹募发展委员会1997年版，第215页。

② 李瑞明编：《岭南大学》，（香港）岭南（大学）筹募发展委员会1997年版，第59页。

③ 图片来源于中山大学档案馆。

1934年,《私立岭南大学概况》介绍了岭南大学的体育概况,包括学校体育管理机构、体育课、课外体育、体育竞赛、体育场地等:

> 本校地方辽阔,设有运动场所甚多,学生于课余时,借此而锻炼其体魄,促进健康,历年提倡体育,视为重要课程,造就各种体育人才,不胜枚举,历次广东省运动大会,本校屡得全场冠军,其他各种球类比赛,本校参加者亦多获胜利。
> 本校素来注重体育普及,而本校学生人数达1400名,故需建筑多量运动场所,以供学生之应用。本校之运动场所,除在计划建筑中外,现有大田径场1所,篮球场15所,排球场6所,足球场4所,绒(网)球场14所,棒球场2所,游泳池1所。本校因注重体育普及,故有各校学生自治会办理各校学生每日运动事宜。至于全校学生体育事宜,则由学生自治总会之体育委员会办理。学生方面,各校设体育主任1人以负责指导之责。更设体育委员会,本校对内对外之体育一切事宜均归其掌理,为本校体育之最高机关。①

岭南大学的体育场地很多。学校在学生宿舍房前屋后的空地上,建有网球场、排球场、棒球场等体育场地以及游戏休闲设施,方便学生的体育活动;而学校紧邻珠江,学生可以在江边游泳。

图1-9至图1-11为中山大学档案馆收藏的学生进行体育活动的照片。

---

① 《私立岭南大学概况》,私立岭南大学1934年印行,第252页。

图1-9 岭南学堂时期的秋千场地

图1-10 岭南学堂时期的体育活动场地

图1-11 珠江边的游泳场，同学们摆出岭南大学的英文字母缩写"LU"字样

岭南大学有东区、中区、西区三大运动场。其中，西大球场（图1-12）的建设与抗日战争胜利有关，是历史的见证。据岭南大学体育教师、中山大学体育部前主任郭刁萍说，西大球场主要是由日本战俘作为劳工兴建的。1945年，抗日战争胜利，岭南大学回迁原址，学校需要开辟新的体育场地，就由日本战俘劳动赎罪，挑泥挖土，将一口大水塘填平，建成西大球场，供岭南大学的师生使用。

图1-12 西大球场一角（李静波 摄于2013年）

第二章 体育先锋，近代传播

第一节 足球

岭南大学很早就有开展足球活动。据《广州体育志》记载①，光绪二十四年（1898），格致书院（岭南大学前身）就有教习（教师）辅导学生"蹴球"（足球）。

《广东省志·体育志》记载②，清咸丰、同治年间（19世纪60年代前后），近代足球传入香港。足球运动传入广东的时间，当在光绪朝后期。广东一些教会学校率先出现足球运动，如长乐县（今梅州市五华县）的元坑中书馆、广州的培英书院和格致书院（图2-1）、嘉应州（今梅州市）的务本学堂和中西学堂等。

图2-2为1904年，岭南学堂迁回广州康乐村后开展足球活动，与河南小学举行足球比赛。③

---

① 《广州体育志》，http：//www.gzsports.gov.cn/public/history.jsp？catid＝377&id＝24467。

② 《广东省志·体育志》，http：//www.gdsports.net/shengzhi/docc/qunzongtiyu/index4.htm。

③ 黄菊艳主编：《近代广东教育与岭南大学》，（香港）商务印书馆1995年版，第146页。

图 2-1　1904 年，岭南学堂足球队合影①

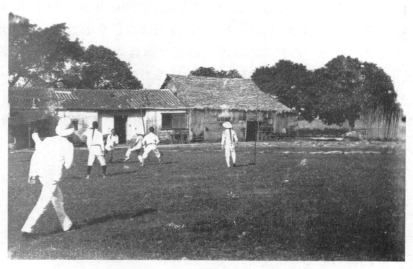

图 2-2　1904 年，岭南学堂与河南小学举行足球比赛

---

①《足球队》，载《岭南学堂手册》，（广州）岭南学堂内部印刷品，1904—1912 年，第 9 页。

体育先锋，近代传播 第二章

光绪三十三年（1907）12月25日，香港皇仁书院足球队利用圣诞假期，挥师广州，与岭南学堂足球队（图2-3）作赛于康乐园，开创省港两地足球队交往之先河。①

图2-3 1907年，岭南学堂足球队

岭南校友刘守光在《足球运动在岭南》（原载于岭南大学校友会网站，2014年）一文中记述了岭南大学的足球活动情况：

> 岭南大学早期的足球运动员有余中析、刘伯棠、司徒圭、郭荫棠、周文刚等，后有李应林、钟主旋、邝荣钟、李福苍、黎沛荣、关健安、刘炳垣、李耀煌、江耀彰、唐福祥、韦泽生、郭颂棠等。1917年岭南足球队征港，连战皆捷。凯旋归来时，全体同学列队江边欢迎，入夜则举行盛大祝捷会。后来，岭南大学足球队赴港比赛，对战香港中华队，以3∶1获胜。当时的队员是：徐亨、伍舜德、区宏恩、黄鼎芬、胡锡康、刘清和、陈光耀、许宝照、龙学藩、张荣佑、黄树邦。岭南大学足球运动员代表我国

---

① 黄菊艳主编：《近代广东教育与岭南大学》，（香港）商务印书馆1995年版，第147页。

出席远东运动会,如唐福祥、江耀彰、高锡威、郭颂棠、韦泽生、关健安、陈光耀等运动员,为夺取足球锦标、为国增光作出了巨大贡献。

图2-4　民国初年(约为1911—1914),岭南大学足球队,二排中是李应林①

岭南大学的足球活动很多。1917年10月11日的《岭南青年报》以《足球队大战马岗南》一文,记载了岭南大学与附属中学足球队比赛的盛况,其中,唐福祥、关健安也参加了比赛:

> 10月11日本校中学足球队与大学足球队大战于马岗南大球场。选手二十二名,均为大学之精锐也。排列如下:
> 中学:李文华鹄门,黄保廉、江耀章左右守卫,韦遂生、翁世光、韦遂生(重名——编者注)中路守卫,张香生、韦泽生、李文锡、刘耀枢、黄安福先锋。

---

① 李瑞明编:《岭南大学》,(香港)岭南(大学)筹募发展委员会1997年版,第249页。李应林,广东南海人,1892年生。于岭南学堂读书期间,是校篮球队、足球队队员。1914年毕业后出国留学,学成后返回广州,在岭南大学青年会工作,1927年任岭南大学副校长,1937年任校长。

大学：关典贻鹄门，郭仲棠、梁节初左右守卫，关健安、郑炳光、陈乃昌中路守卫，张亦超、唐福祥、黄镜垣、朱志元为先锋。

开球未久，中学小将先锋韦泽生飞起一脚将足球成个打入大学鹄门。中学参观者，狂呼拍掌，高声自赞。不料喝彩未完，大学唐队长忽用脚将球送入中学鹄门。两军战斗不分上下。其后中学球队再告奋勇，前敌死力进攻。李文锡用敲门入屋势，在无意之中，一脚将球踢入鹄门之杉。球即借杉之力撞入正门。此时之结果，中学二点、大学一点，莫之能御。再开球五分钟，大学唐队长带球至中学鹄门约离二十码，一踢球适中门之右柱，撞入门去，亦是敲门入屋势。两阵队员各得二点，时已过六点。尚有五分钟，则比赛时刻满矣。中学各小将，鼓其余勇，再接再厉，围攻数次，卒由黄安福踢入一球。未几，公证员鸣号停战。总结果大学二点、中学三点，中学胜。是日以球法计，则唐队长福祥及郭仲棠二人，堪称为大学队里之骁将。而李文锡、韦泽生、江耀章则为中学足球之明星。公证员为黄启明君。

1919年11月3日的《岭南青年报》以《全校足球队第一次大战》一文，介绍了校队与美国某炮舰足球队比赛的情况：

美国某炮舰的足球队，是很厉害的，往年我校的足球队和他们比赛，屡次被他们打败。上月25号，我们接到他们的挑战书，约我们往沙面球场比赛。是日下午即督率全军赴战，四点钟到场，四点半钟开始比赛，我们的前锋，死力进攻，也尽命来死守。直至停战笛吹起，两军还未分胜负，这也可算是"棋逢对手，将遇良才"了。他们定了两星期之后，再来我校大战。我们的健将啊，自此以后，需要苦心来练习，免至失了岭南的威名啊！

岭南大学足球队有很大的社会影响力，1920年3月14日的《岭

南青年报》以《足球队赴漳州》一文,介绍了岭南大学足球队即将随钟荣光校长去福建比赛、展示足球运动的情况:

> 本校足球队俗称健将,其中一切"花神"(粤语,技巧、技艺的意思——编者注)不可胜数。前广东都督、现任福建省长陈炯明君,在漳州开一联合运动会。钟荣光先生赴闽时,特托钟先生回校请本校运动员赴漳州一演佳技,以振兴该处体育。本校足球队欣然允许。现闻已配足人马,准备出发云。

岭南大学的足球队实力很强,有多人参加过广东省运动会(图2-5)、全国运动会、远东运动会,并取得了不错的成绩。1921年,广东省第八次运动会足球决赛,由岭南大学队对战香港南华队,孙中山先生亲临比赛现场观看,并颁"银爵杯"给南华队队长梁玉堂。

图2-5　1926年,广东省第十次运动会足球冠军留影①

1929年3月30日的《南大青年》(广州岭南大学青年会周刊)介绍了中山大学足球队与岭南大学足球队的决赛情况:

---

① 图片来源于中山大学档案馆。

广州足球银杯赛甲组决胜最后决赛：
中大与南大一对零南大夺得银杯归

前马来群岛足球队过粤，曾以价值二百余元之银杯为广州足球联赛胜利之奖品。广东体育协会遂拟定办法，经中山大学、岭南大学、培正学校、粤南华足球队四队加入比赛。由三月十号起，是日星期日三时半在粤秀山足球场开始比赛，第一场为中大与培正，第二场为南大与粤南华。粤南华队于去年广东全省第十一次运动大会，足球战胜中大而独得第二奖者，南大亦屡执广州足球界之牛耳。两队均负足球盛名，故当时观者数千人，立无隙地。上半场南大处于逆风方面，加以西斜反射，极受粤南华队之搏声，惟南大抵御有方，终上半场未分胜负。休息十分钟后，开赛下半场仅廿五分钟，南大队射入五球，并罚射一球，共胜六球。总数为六对零，南大胜，是日一场剧战，于是告终。

三月十三日又为南大队与培正队比赛，仍在粤秀球场。南大队乘战胜粤南华余威，凌厉无前，锐不可当。上半场胜培正队三球，为三对零，下半场复射入六球，遂以九对零胜培正矣。

三月十七日为中大与南大决赛日期。是日下午三时许粤秀球场，观者已满，欲一瞻银杯奖究将谁属。未几，广东体育协会将银杯送到球场陈列。四时，双方球队下场，皆属大好身手；观者拍掌欢迎。

中大队员为柳全团、廖言扬、黄炳坤、李飞、许家怀、莫公壁、黎连楹、冯汉树、陈煜年、符和云、陈昆年。

南大队员为方立祥、区鸿恩、黄鼎芬、胡锡康、陈应春、刘青和、陈光耀、许宝照、高为铁、龙学蕃、张荣佑。

公证人为丘纪祥。

双方于开赛之先，携手联合，共拍一照，以为纪念，然后开赛。上半场势均力敌，无懈可击，而南大队于逆风方面，颇失地势。下半场改换场地，中大队略费招架。而南大队之陈光耀，人称之为红腿将军,高为铁为铁腿,极显身手,故下半场每遇红铁两腿,对方即过险地,未几,见红腿飞起,铁腿接入,即射入中大一球。对方措手不及,观者叹服,故全场欢呼。时已五点十分钟矣。中大队力图补救,而南大队乘战胜余威,进攻愈形顺利,中大队仅可招架,至五时半宣告终局,为一对零,南大队胜。一场剧战,终已解决,南大队遂夺得银杯归云。

远东运动会上,中国足球队荣获"九连冠",其中,唐福祥(图2-6)曾担任第二、三、四届中国足球队队长,被誉为第一代"远东球王";1930年的第九届远东运动会,他还担任中国足球队教练。

图2-6　1915年,唐福祥(中间者)率队获得
第二届远东运动会足球冠军[①]

据《广东省志·体育志》《广州体育卫生志》《岭南大学日报》等书籍报刊上的不完全统计,入选历届远东运动会中国足球队的岭南大学成员名单如表2-1所示:

[①] 广东省地方史志编纂委员会编:《广东省志·体育志》,广东人民出版社2001年版,第337页。

表 2-1 入选历届远东运动会中国足球队的岭南大学成员

年 份	届 数	运动员名单
1913 年	第一届	唐福祥
1915 年	第二届	唐福祥（任队长）
1917 年	第三届	唐福祥（任队长）、关健安
1919 年	第四届	唐福祥（任队长）、关健安
1921 年	第五届	陈光耀
1923 年	第六届	陈光耀
1925 年	第七届	陈光耀
1927 年	第八届	陈光耀
1930 年	第九届	陈光耀、徐亨、关健安（任队医）
1934 年	第十届	徐 亨

陈光耀（图2-7）早年在香港读书，1921年时入选中国足球队，担任左边锋，其特点为突破速度快、进攻犀利、身体灵活、传球准确，号称"中国足球之翼"。从1921年的第五届远东运动会到1930年的第九届远东运动会，陈光耀都是中国足球队的队员，为中国足球队五夺远东运动会冠军立下了汗马功劳。

陈光耀于1928年入读岭南大学，在1928年的岭南大学运动会上获得100米跑冠军，在广东省第十一次运动会上获得100米、200米跑冠军。1931年，岭南大学聘请陈光耀担任学校体育运动委员会委员。在唐福祥教练的指挥下，陈光耀的足球威力被充分发挥出来。1931—1933年，岭南大学足球队夺得了广东省内几乎所有足球赛事的冠军。

陳光耀

陳光耀，廣東人。十六歲時，即被選入南華體育會任甲組足球隊左翼。舉動矯捷，所向靡敵，名遂日重。第五、六、七、八、九諸遠東運動會，均任中華足球隊左翼之職。現居上海，經營良友體育用品公司。已放棄運動生活。

图 2-7　远东运动会足球明星陈光耀①

---

① 图片来源于《全国足球名将录》，上海勤奋书局编译所 1936 年编，第 17 页。

第二节 田径

1904年,岭南学堂由澳门迁回广州康乐村新校舍,特辟设田径运动场。

岭南大学的田径运动很普及,竞技水平也很高,是广东省的体育劲旅,很多著名运动员,如梁无恙、梁景平、麦国珍、司徒光等,曾在民国期间的全国运动会上摘金夺银,并被列入上海勤奋书局编译所1936年编的《田径运动员名将录》。三级跳远运动员司徒光在第九届远东运动会上为中国田径项目取得唯一的1分,他还参加了1936年的柏林奥运会。

岭南大学1916年印制的《岭南大学毕业录》中收录的图片,不少出现了体育奖杯或奖状。例如,图2-8的文字说明是"田径竞赛获奖者",奖杯放在地面;图2-9中的人物手扶奖状,文字说明是"各班接续走(即接力跑——编者注)得胜"。

图2-8　田径竞赛获奖者合影

图 2-9 各班接力跑得胜者留影

1917年11月2日的《岭南青年报》以《赴四校运动会,第四次胜利》一文,介绍了岭南大学田径队参加四校运动会的情况,以及校足球队为迎接香港圣保罗足球队的准备情况:

培英、培正、南武、岭南四校议定每年举行运动会一次,以促进体育之发达。十月二十七号,初次举行运动会于南武。本校中小学生于是日上午十一点三刻启程赴会。运动员搭电船,其余学生步行抵南武。下午一点半钟开始运动。走场作长方形,中央高挂国旗。四校学生运动员皆活泼异常。是日约午后七点钟始散会。结果甲队优胜属诸岭南,乙丙丁则各校约相称。本校之优胜全得力于甲乙二队,而以走为独长。当时旁队之人亦助力不少,盖此次岭南之胜,多由旁观者喝彩得来。运动员中成绩之最优者,当推郭仲棠君,喝彩之最热烈者当推司徒卫君。奖品原拟二十九日颁发,继因风雨遂改期云。

圣保罗来校赛球　香港圣保罗书院为港中有名学校,而于体育一门,提倡复不遗余力。去年其足球队、排球队会与本校比赛,足称劲敌。本月中旬,复函邀本校再赛足球、手球、游泳三种运动,并拟于十一月十二号来校。本校已经复函允诺,并请其兼赛绒球、篮球。将来两雄相遇,定有一场剧战也。兹将本校所选出之足球队人员录于后:

张香生　郭仲棠　王兆祖　黄镜垣　韦泽生　郑炳光
韦瑞生　张亦超　李文华　关健安　李文锡　邝炳舜
李永健　梁节初　江耀章　陈乃昌　黄振权　关庆祖
黄保廉　王慎谦　何启明　翁世光　何少衡　刘耀枢

1920年3月21日的《岭南青年报》以《运动家的世界》一文,记载了岭南大学为准备来年的远东运动会,讨论本校体育如何参与的情况:

运动家乃练习得来。明年远东运动会在我国开,明年五月间省会学生联合会亦有运动会开,我校运动家应为国为校争荣。本校因为想造就各运动会人才的缘故,成立了一个校内运动大会。本月十六号各级代表在怀士堂讨论此事,结果大略如下

一　本运动会每学期举行一次
二　每级组织本级运动员以本级名义加入此会
三　球类比赛有排球　篮球　足球　绒球四种
四　田径类有百码　二百二十码　四百四十码　半英里　一英里　五英里　半英里接续　一英里接续　高栏　低栏　铁球　铁饼　远跳　高跳　杆高跳
五　各种比赛皆不分队
六　每种比赛均选三名　首名三分　次名二分　三名一分
七　田径类比赛除接续走外　每级每种可派选手三人加入
八　球类平均分最高者奖以大银杯一学期之久　更于银杯上刻下本级级名（此者杯乃南洋旧同学赠送者）
九　田径类平均分最高者奖以山小银杯一学期　三学期后其平均分最高者得收此银杯为级物（此银杯乃英加素须刨公司

赠送者）

十　本学期运动于五月开始举行

1927年8月1日的《南大青年》以《红灰健儿体育之战绩》一文，介绍了岭南大学田径队参加香港南华体育运动会的辉煌战绩，显示了其强大的竞技实力：

> 5月8日，香港南华体育会举行香港第5次运动会。本校虽在停办时期，然诸健儿咸以机会不可失，故特派健儿数十名应招赴港，参加运动。结果极佳，锦标为我夺获者十余件，翌晨即大捷而回云。
>
> 兹将成绩略列如下：
> 掷　铁　球：第二名 罗南科　第三名 曹廷赞
> 一百米赛跑：第三名 余仕俊
> 持竿跳高：第二名 余敬豪
> 走　跳　远：第一名 杜昆泉
> 八百米赛跑：第二名 余仕俊
> 三级跳远：第二名 梁无恙
> 二百米低栏：第三名 余仕俊
> 五项运动：第一名 梁无恙

民国期间，广东省总共举办了13次省级运动会，岭南大学拿下了多次团体冠军。表2-2为岭南大学在广东省第十一次运动会上所获奖品一览。①

---

① 《南大在全省第11次运动会所获奖品一览表》，《南大青年》1928年12月8日。

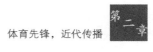

表2-2 岭南大学在广东省第十一次运动会上所获奖品

竞赛种类	获特别加奖品	奖品	赠送者
甲队400米替换	—	银牌	李济深
		银杯	广东省教育会
乙队400米替换	—	银牌	李济深
		银杯	劳勉特
乙队800米替换	—	银牌	李济深、戴传贤
		银杯	朱家骅
乙队1600米替换	—	银牌	李济深、广州市民
		银杯	体育会
丙队400米替换	—	银牌	李济深
		银杯	刘荫荪
丙队800米替换	—	银牌	李济深
		银杯	钟荣光
丙队1600米替换	—	银牌	李济深
		银杯	朱家骅
丁队200米替换	—	银牌	李济深
		银杯	罗文庄
田赛冠军	—	大银鼎	冯祝万
		大银杯	广州安亚置业行
径赛冠军	—	大银杯	国税委员公署
全能冠军	—	大银碗	邬殿邦
全场冠军	—	四尺大银鼎	李济深
个人全场冠军	李福申	大银杯	李济深
400米	麦国珍	银牌	李济深
		大镜	黎铧
掷茅	梁无恙	银牌	李济深
		银盾	蔡昌
铁饼	邝英明	银牌	李济深
		银盾	邓世增
		银花樽	黄维玉

（续上表）

竞赛种类	获特别加奖品	奖品	赠送者
持竿高跳	高为参	银牌	李济深
		银碗	马超俊
铁球	罗南科	银牌	李济深
		银花樽	罗守顾
高跳	梁景平	银牌	李济深
		银盾	蔡昌
持竿高跳	刘建祖	银牌	李济深
		银花樽	—
十项	梁无恙	银牌	李济深
		大银花樽	广东省党部委员会
五项	李福申	银牌	李济深
		银花樽	—
100米	陈光耀	银牌	李济深
		银花樽	黄维玉
200米	陈光耀	银牌	李济深
110米高栏	李福申	银杯	李济深
200米低栏	李福申	银樽	李济深
远跳	张铨恭	银牌	李济深
		银杯	蔡昌
铁球	黄志强	银牌	李济深
		银樽	覃元昭

参加历届远东运动会田径项目的岭南学子名单如表2-3所示①：

---

① 《本校运动会之成绩纪要（2）》，《南大青年》1926年3月28日。

表2-3 历届远东运动会岭南大学田径运动员

时　间	届　数	运动员名单
1917 年	第三届	廖崇真、郭仲棠
1925 年	第七届	梁无羔
1927 年	第八届	梁无羔、司徒光
1930 年	第九届	司徒光、梁景平、麦国珍
1934 年	第十届	司徒光

岭南大学的许多学生参加了远东运动会。其中，司徒光参加了1936年柏林奥运会的跳远和三级跳远项目。图2-10至图2-14是岭南学子们不同时期参与田径活动的留影。

图2-10　1925年，岭南大学田径队合影①

---

① 图片来源于中山大学档案馆。

图 2-11 1926 年,广东省第十次运动会优胜纪念①

图 2-12 1930 年,岭南大学跳远选手司徒光
参加第四届全运会留影②

---

① 图片来源于中山大学档案馆。
② 图片来源于《良友》1927 年 5 月 1 日,体育刊版。

体育先锋,近代传播 第二章

图2-13　1936年,岭南学子参与田径活动①

图2-14　1941年,抗日战争时期,迁徙到韶关市曲江的
　　　　岭南大学的田径运动会②

---

① 图片来源于中山大学档案馆。
② 图片来源于中山大学档案馆。

第三节　排球

谷世权编著的《中国体育史》中提到："排球最早在中国称为'队球'或'抵球'，1905年在广州、香港等一些学校开始开展。1908年以后，青年会北美协会派加拿大人柯克乐（Crcoker）到上海，他开辟了运动场地，并在运动会开幕式上组织过两场排球赛……"①

1914年，广州基督教青年会与广州教育会联合举办了"广州秋季华利波（'排球'英语volleyball的粤语音译）联赛"，在位于今教育路的球场进行比赛。参加比赛的有培英学堂、培正学堂、南武公学和广东高等师范学校等校队。南武公学、培英学堂、培正学堂、岭南学堂等几所学校的排球运动开展得较好，特别是培英学堂、培正学堂，以后成为全国的排球传统学校，培英学堂更有"排球少林寺"之称。

排球运动是岭南大学的优势项目，岭南大学的许多学生，如郭琳爽、黄仁让、曹廷赞、徐亨、刘权达等人，加入广东排球队、国家排球队，参加远东运动会。其中多人担任远东运动会国家排球队队长，例如，郭琳爽是第二至四届的队长，黄仁让是第五至六届的队长，曹廷赞是第八至十届的队长，刘权达则是第八至九届的国家排球队教练。

岭南大学的女子排球运动也很普及。岭南大学很早就提倡男女同校，女同学与男同学一起参与体育活动，各项竞赛的水平都很高，是广州市、广东省的强队，还培养了参加远东运动会的运动员李翠秋、陈佩月。图2-15就记录了岭南学堂时期的岭南大学女子排球活动。此外，岭南大学的女学生也踊跃参加校际体育比赛。如1930年，岭南大学女子排球队与香港南华体育会女子排球队进行了友谊比赛，《今代妇女》杂志作了专题报道，如图2-16所示。

---

① 谷世权编著：《中国体育史》，北京体育大学出版社1997年版，第198页。

体育先锋,近代传播 第二章

图2-15　岭南学堂的女子排球运动①

图2-16　1930年,岭南大学女子排球队与香港南华体育会球队赛前合影②

图2-17、图2-18记录了岭南大学的排球活动。

---

① 黄菊艳主编:《近代广东教育与岭南大学》,(香港)商务印书馆1995年版,第139页。
② 《岭南大学女子排球队与香港南华体育会球队比赛前之摄影》,《今代妇女》1930年第13期。

图 2-17　岭南大学的排球活动（一）①

图 2-18　岭南大学的排球活动（二）②

　　图 2-19 是岭南大学排球队在 1926 年的广东省第十次运动会上获得冠军后的留影，照片现存于中山大学档案馆。

---

　　① 黄菊艳主编：《近代广东教育与岭南大学》，（香港）商务印书馆 1995 年版，第 147 页。
　　② 图片来源于中山大学档案馆。

体育先锋，近代传播

图 2-19　1926 年，广东省第十次运动会，岭南大学排球队获得冠军

《开拓南中国排坛先河的岭南排球》（岭南校友的回忆录）描述了岭南大学班级和宿舍间的排球活动：

> 排球活动，一向为岭南男女同学所喜爱，校内排球场地多、分布广，有充足的活动场所。每日都出现班与班的赛球，或堂队与堂队的比赛（即荣光堂队对张弼士堂队，或荣光堂队对爪哇堂队），其竞争之热烈就可想而知了！由于排球开展得较好，市内常有杯赛举行，香港队伍亦不时来市访问比赛，交往频繁，岭南学生被入选省队或作为中国选手出席远东运动会。至于运动员获胜而归时，更是全校欢迎，嘉奖备至。

1919 年 10 月 1 日的《岭南青年报》以《排球（体育号）》一文，介绍了学校排球的组织情况：

> 排球一名队球，一名手球，又名华丽波，即英文之所谓者。首现于菲律宾岛，继遍及全球。自流入我国后，我广州遂有排球

联合比赛会之设，并备有奖品，藉以鼓动。而历年分发之奖品，均为我队所获，我队之优胜，于斯可见矣。本学期开课后两星期会开体育会议一次，并在该会举定各队长及其他职员，并议定本年进行方法如下：

一、设干事一人。我校去年各种球类，只设队长一人，故事无论大小，皆以队长一人当之，而一人之光阴及智力有限，今年为分工任事起见特除原有队长一职外，多设干事一人。

二、设布告员一人。布告为一重要之事，凡与别校球队比赛时，到场助兴之人数之多寡，全视所布告若何，而布告之得法与否视乎其美术，故择选校中之能以美术见长者掌斯职。则以后遇此比赛时，到场助兴人数，必较前更踊跃也。

三、加入广州排球联合会乙组比赛。去年我校第一队加入甲组比赛，虽获优胜，然今年为造就人材起见，特除已加入甲组比赛外，更以本校第二队加入乙队比赛，红灰儿欲为母校争光者，大有机会矣。

上为本年排球队之进行方法，致本队职员及练习时间，将其分录如下：

一、职员队长

黄仁让 副队长 干事 钟肯 布告 罗孝明

二、练习时间。每星期2小时，逢星期二、五日下午，五时至六时，在怀士堂西北角第一队排球场练习。排球乃秋令游戏中最合宜者，合时介冬夏之间，不寒不热，游戏莫善于此时矣，况广州各排球比赛，又在此秋间，为时已至。红灰诸君万勿失此机会，祈踊跃到场练习。

1928年，岭南大学排球队获得广州排球联赛冠军，时任排球队队长为曹廷赞（图2-20）。

图 2-20　1928 年，岭南大学排球队获广州排球联赛冠军①

1929 年 3 月 2 日的《南大青年》以《上海复旦大学与本校比赛排球》一文，介绍了两校的比赛情况，海军第四舰队司令陈策也渡河观战。

上海复旦大学与本校比赛排球
第一场 21：14　第二场 21：7，本校胜

上海复旦大学排球队到粤，并定于 21 日与本校作友谊比赛。是日下午复旦球队联袂到校，适本校在考试时期，以该校球队远道南征，而队员曹廷赞、刘威林、柯德昌、吴昌发四君又为旧同学，尤有切磋之谊，遂由黄昆仑、胡兆屏、邝英明、徐亭、罗南科、曹玉辉、李景谦、区宏恩、黄连梧各君下场比赛。是日下午 4 时开赛，由丘纪祥先生任公证人，外校各界体育家及海军司令陈策均渡河参观，颇形挤拥。比赛结果，第一场 21 对 14，第二场 21 对 7，均为本校所胜。原拟比赛三场，嗣双方均以天色入暝作罢，遂请复旦队到饭堂晚膳，谈至 8 时，然后由本校球队送下电船，互相握别云。

---

①　图片来源于《良友》1928 年第 27 期，第 27 页。

岭南大学排球队实力雄厚，经常获奖，图2-21为中山大学档案馆收藏的岭南大学排球队获奖纪念留影。

图2-21　岭南大学排球队获奖后合影留念

1913年，中国国家排球队参加了在菲律宾举行的第一届远东运动会的排球比赛。因为此次参赛，排球引起了国人的兴趣，排球竞赛活动也广泛开展起来。在1914年的第二届全国运动会上，男子排球就被列为比赛项目。

中国男排在远东运动会上创造了辉煌的历史。1915年在上海举行的第二届远东运动会，第二次参赛的中国男子排球队就获得了冠军。截至1934年，远东运动会一共举办了10届，中国男排共获得5次冠军。其中，岭南大学的许多学生，如郭琳爽、黄仁让、徐亨、刘权达等参加了排球比赛。

女子排球则开展得相对较晚，1921年才首次出现在广东省运动会上，1930年被列为全国运动会正式比赛项目。从1923年起，中国女排开始参加远东运动会，5次参赛均获得亚军。

据《广东省志·体育志》和《广州体育志》记载，岭南大学参加历届远东运动会排球项目的学子有：

1915年，第二届远东运动会：郭琳爽（任队长，图2-22）、廖崇恩、邝炳舜、苏彭年、马朝恩、周兆祯。

体育先锋，近代传播 第二章

图2-22　郭琳爽①

1917年，第三届远东运动会：郭琳爽（任队长）、邓祖荫、马朝恩、黄仁让、曾恩涛。在本届运动会上，中国获得排球冠军。

1919年，第四届远东运动会：郭琳爽（任队长）、邓祖荫。

民国8年（1919年）参加第四届远东运动会的中国三大球队长合影。排球队长郭琳爽（左）、足球队长唐福祥（中）均为广州市岭南大学学生。右为篮球队长王瑞生（华北队员）。

图2-23　第四届远东运动会，中国三大球队长合影②

---

① 图片来源于《体育世界》1927年第1期，第32页。
② 广东省地方史志编纂委员会编：《广东省志·体育志》，广东人民出版社2001年版，封面附画。

1921年，第五届远东运动会：黄仁让（任队长）、郭琳爽、曾恩涛。在本届运动会上，中国获排球冠军。

1923年，第六届远东运动会：黄仁让（任队长）、曾恩涛、刘权达。

1925年，第七届远东运动会：黄仁让、罗南科、刘权达、曹廷赞、李景谦。

1927年，第八届远东运动会：曹廷赞（任队长）、罗南科、黄昆仑、李景谦。

1930年，第九届远东运动会：曹廷赞（任队长）、徐亨。

1934年，第十届远东运动会：曹廷赞、徐亨。

刘权达还在第八届远东运动会时任中国女子排球队教练，在第九届远东运动会时任中国男子排球队教练。

图2-24为出征1930年5月在日本东京举行的第九届远东运动会的中国男子排球队队员合影。其中，后排左一为刘权达（教练），后排右二为中山大学的赵善性（教练），后排右一为南武公学的丘纪祥（领队）。

图2-24　出征第九届远东运动会的中国男子排球队队员合影①

---

① 广东省地方史志编纂委员会编：《广东省志·体育志》，广东人民出版社2001年版，第791页。

第四节　篮球

19世纪末，篮球通过基督教青年会及华侨传入广州。20世纪初，广州的真光书院、培英学堂、培正学堂、格致书院等教会学校推行近代体育，先后开展篮球活动。岭南大学的篮球活动很多（图2-25、图2-26），经常与外面单位比赛，在广东省具备了很强的实力，多人入选国家队，参加远东运动会预选赛。

图2-25　1916年，岭南大学的篮球活动[1]

---

[1]　图片来源于中山大学档案馆。

图 2-26　1916 年《岭南大学毕业录》收录的学生持篮球的照片

1917 年 10 月 11 日的《岭南青年报》以《美国水手篮球险战胜东亚　本校一战胜之》一文，记载了与美国水手篮球队比赛的情况：

美国希论尼舰水手篮球队，遍历日本、津、沪、菲律宾各处，所向无敌。去年来粤，横扫全城。本校曾当其锋，赢我五十余点，本校仅得二十余点。是诚不特岭南之耻，抑亦全国全东亚之耻也。

今秋该舰复来粤，篮球队又欲取胜，惟苦无人与敌，贻书本校，愿决一战。岂知红灰英雄，不怕打，不怕输，不怕死，独怕自怯以贻羞。战书一来，即刻诺之。乃定十月八日下午三点大战于康乐校内。水手来者身高六尺，身重由一百五十磅起。而穿红灰衣服者则仅五尺高、百零磅重之小将耳。当开球之号未鸣，观者多半以为我必输矣。

岂知开战不一分钟，周秉钧已送球入篮内，又未一分钟，邓祖荫继之，观者方欢呼未已。乃敌军有名镜士者，突然连抛两球，入我篮内。我军再奋斗，阵法稍乱。敌军有名加连士者，再连中二篮。我军军威大堕。

再战，周秉钧抛中一篮得一点，小将邝森持再中一篮。再袁国心由守卫之地位，赴前从二十五尺抛中一篮。斯时我军得九点，敌得八点。

其后周秉钧抖发精神，五分钟内，连取二篮。敌军后虽再取四点，然我军邓祖荫再取一篮，而收兵之号鸣。我军共得十五点，敌军仅十二点，我军大胜。学生数百人合声唱凯旋歌，并高抬五战胜大将回舍，沿途拍掌欢祝不已。

是次大战我军战将攻守如下：袁国心右卫，黄仁让左卫，邓祖荫正先锋，邝森持右先锋，周秉钧队长、左先锋。统计周秉钧共得七点，为全场最小而最勇最精之将，邓祖荫得四点，其余袁邝二将各得二点，我军共得十五点。

1917年12月7日的《岭南青年报》以《本校与培英赛篮球，第十次胜利》一文，记载了学校篮球队与培英学堂篮球队的比赛情况：

培英篮球队，省城有名之劲旅也，曾与美国某舰水师战而胜之。近练习益力，进步弥速，上星期六与本校角胜。是日，培军十余人于下午三时毕集本校，四时开始较技。代表岭南者，昔日之常胜军。惟邓祖荫、黄仁让以微伤不与焉，补以谢照杰、关健安二君。既战五分钟，两军皆无所获。已而培英军以违例负一点，然不久又胜我军二点。是时彼军屡犯我境，奈我守卫森严，数次抛球，欲向我篮掷入，但均不能中。我军忽乘间引球攻入敌境，球向敌篮入焉。十五分钟既过，例休息。胜率为我五点，彼二点。憩息后，两军复战。此期为全军最猛烈之时，手足交加，远视如拳斗，两将相缠，或十数秒不解。有顷，敌获三点，我增至九点。下半时培英易人，我军则仍其旧。战益厉，术愈娴，敌少懈。角十五分钟，胜战率由九增至十四，培英增一点耳。最后之十五分钟,为我军全盛之时,开球未一分钟,获二点,久之,乘胜复入敌篮一次。战将终,培英军势力忽大振。连发球向我篮,卒获一中。赛毕,其结果为二十六点与六点,岭南以二十点胜敌。然培英战士波法之娴,防御之密,柔术之精,令观者赞奖不置云。

岭南大学篮球队自1924年获得广州市首届篮球赛季军后,在多次市内比赛中均名列前茅。1926年广东省第十次运动会,岭南大学篮球队获冠军(图2-27)。1928年在首届"市长杯"赛中夺得冠军。

图2-27 1926年,广东省第十次运动会,岭南大学篮球队获冠军[①]

---

① 图片来源于中山大学档案馆。

体育先锋，近代传播

岭南大学的多名学生参加过远东运动会的预选赛，其中，1919年第四届远东运动会，岭南大学篮球队的黄仁让、周秉钧、韦泽生曾赴天津参加预选赛。

《岭南》1921年第5卷第2期第90页以"风社欢送远东选手"为标题，介绍了岭南大学有八人参加远东运动会预选赛的情形，其中有韦泽生、余东源、黎天佑、雷仲仁、马文兴5人参加篮球预选赛：

> 5月16日晚。风社全体社员，开会欢送该社往（第五届）远东大运动会选手于中学膳堂。先由陈景君主席，宣布开会理由，次由雷仲仁君、谭护君演说，温耀文君游戏，查该社选手为篮球队韦泽生、余东源、黎天佑、雷仲仁、马文兴，手球谭护、李沃培，游泳胡汝铿，共八人。

图2-28为中山大学档案馆收藏的1927—1928赛季的岭南大学篮球队合影。

图2-28　1927—1928赛季的岭南大学篮球队合影

第五节 网球

19世纪后叶，上海、北京、天津、广州、香港等地创办了教会学校，在全国大中城市建立基督教青年会。许多传教士和外籍教师喜欢打网球，他们的工作对象是青年学生，体育又是基督教青年会的主要活动内容，网球运动因此在中国兴起。这些学校成为网球活动的主要单位，如上海的圣约翰大学、沪江大学、震旦大学，北京的燕京大学、协和医科大学，广东的岭南大学、广州夏葛医科大学，苏州的东吴大学，长沙的雅礼大学，山东的齐鲁大学，四川的华西协和大学，浙江的浙江大学，等等。

岭南大学开展了现代体育项目网球，校内建有网球场，经常有男女师生在场上打球。女生打网球，引领了民国的体育时尚，很受师生的欢迎。岭南大学的网球队在参加广州市、广东省、全国运动会等比赛时，都取得了很好的成绩，岭南大学的马炽壎、黄吉祥是当时国内的优秀网球运动员。

《广东省志·体育志》记载了广州在新中国成立前的网球运动（图2-29）。1905年，岭南大学建立网球场，是广州第一所有网球场的学校。1930年的第四届全国运动会，广东网球队获得冠军，其中一名队员就是马炽壎。

1928年12月25日的《南大青年》以《国际网球联赛结束　岭南大学全场冠军　李主席夫人颁奖》一文，介绍了岭南大学网球队参加广州国际网球比赛并获胜的情况：

广州市中西网球联赛，自本年9月15日开始比赛。计中西人士参加者，共分14队，每次比赛均在中央公园举行。参加者均属绒球好手中之精锐，故每次均作剧烈之比赛，势均力敌，观者亦为之起劲。直至12月15日为最后决赛期，结果，岭南大学

一、建国前的网球运动

清光绪后期,广州沙面辟建了几片网球场,由广州俱乐部(Canton Club)负责管理,外国驻穗领事馆人员、传教士、商人在此活动。其后德国人在广州东山建了两片网球场。光绪三十一年(1905年),广州岭南学堂(后称大学),辟建了网球场,这是广州第一所有网球场的学校。

20年代,广州基督教青年会修建了室内、外网球场,岭南大学增建网球场5片,博济医院(今中山医科大学附属孙逸仙纪念医院)、神道院以及协和、培道、培正、真光、美华等教会中学均辟建了网球场。民国16年(1927年),广州中央公园(今人民公园)内辟建了4片网球场,供市民使用。民国16年广州第一个市民网球俱乐部——广州市民体育会成立,以中央公园的网球场为会址,陈策(当时的海军司令)任会长,体育界知名人士陈彦、徐日新、李果能等先后任理事长。体育会制订了《组织章程》,举办过"市长杯"公开赛、省港友谊赛、中外网球邀请赛。会员廖一方在全市会员公开赛上多次获得冠军。

民国19年(1930年)第四届全运会网球比赛设有男子团体和女子团体项目,广东队(赵士伦、马炽勋)获得男子团体冠军。

民国27年(1938年)10月广州沦陷前夕,广州市民体育会和中央公园网球场相继遭到日军轰炸。广州沦陷后,沙面网球场地被日军改为马厩,广州网球运动停顿。民国34年抗日战争胜利后,廖一方、徐日新、李果能、伍乃光等老会员重建广州市民体育会,并将其

民国19年(1930年)第四届全运会上,广东男子网球队获冠军,成员有赵士伦(左)、马炽勋(右)

图2-29 《广东省志·体育志》记载的广州在新中国成立前的网球运动

丙队第一,市民体育会龙队第二,日本人甲队第三,沙面甲队第四。岭南丙队队员为马炽壎、陈真福、何世光、聂雅德四人,尤以马炽壎君技术为最,观者赐以"无敌将军"之徽号云。是日下午3时,即于中央公园颁发奖品。第一名奖大银瓶一具,是广州英美烟公司捐赠,价值300余元,另每队队员赠金质纪念章一枚,均请李主席夫人莅场发给。是日观者,极挤拥云。

图2-30至图2-33均为中山大学档案馆收藏的岭南大学学生的网球活动照片。其中,图2-32是岭南大学网球队获得1926年广东

省第十次运动会冠军时的纪念留影。

图 2-30　岭南大学网球队 1920—1921 赛季纪念

图 2-31　1924 年，岭南大学的网球活动

图2-32 1926年，广东省第十次运动会，
岭南大学网球队获冠军

图2-33 1927—1928赛季，岭南大学的网球队合影

图2-34是《今代妇女》杂志1930年第14期刊登的岭南大学女子网球队队员余本绰、李芙馨的照片。

图2-34 岭南大学女子网球队队员余本绰（左）、李芙馨（右）持网球拍合影

体育先锋，近代传播

第六节 棒球、垒球

据《广东省志·体育志》记载，棒球、垒球运动于 20 世纪 20 年代前后传入广东。1915 年，第二届远东运动会在上海举行，有菲律宾女子垒球队进行表演。此后，广东等地的一些大学、中学开始进行女子垒球活动。

岭南大学很早就有了棒球、垒球活动。1904—1912 年印制的《岭南学堂手册》上就有"竞球图"，即棒球活动的图片，如图 2-35 所示。

圖　　球　　競

图 2-35　《岭南学堂手册》中的棒球活动图片

图 2-36 是岭南大学 1919 年时开展棒球活动的照片，现收藏于中山大学档案馆。

· 49 ·

图2-36　1919年，岭南大学的棒球活动

1920年11月20日的《岭南青年报》"体育会"一栏中，介绍了岭南大学体育会从美国买球，以及学校外教垒球队与美国舰队垒球队比赛的情况：

> 大学体育会前在美国定买之球，今已寄到。四宿舍前之球场，初拟归中学体育会管理，今大学体育会以球场不敷用，特取回球场二，一以为篮球用，一则以为手球用云。
> 垒球比赛　十三日，本校西教员与美国舰队中司令舰尧伦之水兵比赛垒球，该舰水兵球术极精，结果十点与六点之比，本校教员胜。

1926年5月16日，《南大青年》以《足球垒球比赛大胜利》一文，介绍了本校垒球队比赛的情况：

> 本校垒球队队员，多为自外埠归来极精球术之华侨子弟，向与本校西教职员比赛，均获胜利，独惜上回广东运动会垒球比赛中，遭市立四高队之挫折。但该队队员因此苦心练习，归来球术

体育先锋,近代传播

日益精进。前因星期四下午,该四高垒球特来校与赛,结果本校大胜利,一雪前耻云。

1928年前后,旅日华侨梁扶初、黄不敏、赵偏先后回广州第四小学、第十五小学任教,并传播了棒球、垒球运动。当时,岭南大学、真光中学、培道女中、执信女中、协和女中、培正中学等校的垒球运动较为活跃。

1928年10月27日的《南大青年》"体育"专号以《全省运动会红灰选手》一文,介绍了岭南大学参加广东省第十一次运动会的球类项目运动员名单,其中就有垒球项目。如表2-4所示。

表2-4 岭南大学参加广东省第十一次运动会的球类项目运动员名单

项　目	运动员名单
绒球(网球)	黄吉祥、陈志强、李荣章
足球	夏日华、李树棠、容敏光、龙学蕃、胡锡康、方正权、陈应春、刘毓熙、黄鼎芬、陈光耀、黄锦裳、刘耀邦、许宝照、高为铁
垒球	伍舜德、黄志强、胡锡康、李荣章、黎耀球、曾海则、邓树翼、曾广浩、王天成、周成樑、刘有章、李桂荣
篮球	林北鸿、刘云樵、卢登庸、王天成、黄树邦、黄志强、胡锡康、罗南科、黄鼎芬、刘毓熙
排球	辜景星、区宏恩、黄鼎芬、李华、李景谦、杜树芬、徐亨、罗南科、胡兆屏、黄昆仑、曹玉辉、邝英明
女子绒球	余本绰、李芙卿
女子垒球	李翠秋、余比薇、雷丽、黄妙容、黄翠梅、李芙卿、李芙蓉、余本绰、碧如玉、温宝珍

1933年,广东省第十二次运动会上,真光中学女子垒球队获得了冠军,岭南大学男子棒球队获得了冠军。以真光中学女子垒球队为基础组成的广东女子垒球队,以及以岭南大学运动员为主力的广东男子棒球队,在第五届全国运动会上双双夺得冠军。

谈及岭南大学棒球队，不得不提到梁扶初、伍舜德和程观洁。

梁扶初，第39—43届岭南大学棒球队教练，祖籍广东中山，幼时随父侨居日本横滨。1905年在横滨组成中华棒球队，1922年获横滨棒球联赛冠军，引起轰动。1933年，梁扶初回到上海，次年加入上海市棒球队，参加第五、六届全国运动会。在第六届全国运动会上，带领上海市棒球队击败岭南大学棒球队，获得冠军。1942年，梁扶初执教岭南大学棒球队，带队获得一次全国亚军、一次全省冠军，被香港报界誉为"神州棒球之父"。新中国成立后，梁扶初曾多次组织全市比赛，1955年起任上海棒球队教练。梁扶初在其著作《棒垒球指南》中提出"望三五年后，棒垒球运动能普及全国"。1968年，梁扶初在睡梦中逝世，其子梁友声、梁友德、梁友文与梁友义继承其衣钵，继续在中国推广棒球运动。

伍舜德，第31—33届岭南大学棒球队队长，司职中外野手。伍舜德在1932—1935年就读岭南大学经济学系期间担任岭南大学棒球队队长，并被选入广东棒球队担任队长，带队斩获三个全省冠军与一个全国冠军（表2-5）。图2-37即为伍舜德带领岭南大学棒球队参加广东省第十二次运动会获得冠军后的留影，前排左一为伍舜德[①]。1934年，伍舜德被选入中国棒球国家队，并担任队长，带队远赴菲律宾征战远东运动会，获季军。

表2-5 伍舜德带队参赛的获奖情况

比赛名称	得奖情况	重要信息
1933年广东省第十一次运动会	男子垒球项目冠军	伍舜德时年大三，担任第31届棒球队队长
1933年第五届全国运动会（以岭南大学棒球队队员为主力）	男子棒球项目冠军	伍舜德首次带队获得全国冠军

---

① 李瑞明编：《岭南大学》，（香港）岭南（大学）筹募发展委员会1997年版，第259页。

(续上表)

比赛名称	得奖情况	重要信息
1934年广东省第十二次运动会	男子垒球项目冠军	伍舜德时年大四，担任第32届棒球队队长
1934年第六届全国运动会（以岭南大学棒球队队员为主力）	男子垒球项目亚军	伍舜德带队败给梁扶初带领的上海队，获得亚军
1934年第十届远东运动会	男子棒球项目季军	伍舜德担任棒球国家队队长，远赴菲律宾
1935年广东省第十三次运动会	男子棒球项目冠军	伍舜德最后一年担任岭南大学棒球队队长

在第12届省運會奪取棒球錦標之嶺南隊，隊長伍舜德（前排左第一人）

图2-37　广东省第十二次运动会，岭南大学棒球队获得冠军留影

程观洁，第31—33届岭南大学棒球队队员，伍舜德队长的左臂右膀。程观洁于1934年随中国棒球国家队出征在菲律宾举行的第十届远东运动会，并担任对战日本的中国队首发投手与四棒打者，为中国棒球史上最早的兼任投手与四棒之人。程观洁通过出色的表现，为

中国队拿下该届运动会对阵日本的主客两场比赛中的唯一打点。

图 2-38、图 2-39 分别为中山大学档案馆收藏的岭南大学棒球队、垒球队的合影。

图 2-38　1920—1921 赛季，岭南大学棒球队合影

图 2-39　1935 年，岭南大学垒球队合影

体育先锋，近代传播

第七节　游泳与划船

　　岭南大学的游泳活动很普及。岭南学子酷爱水上活动，由于学校濒临珠江，地理环境颇得天时地利之便。当年每日课后，岭南学子都在江边游泳。学生在江中游泳易招致险情，学校监督晏文士因而发动学校员生自行挖掘游泳池。1915年动工，全校教职员工、男女学生、外籍教师及其家属都参加自建自掘游泳池、蓄水池的行列，1916年竣工。图2-40和图2-41皆为游泳池开幕时的留影。[①] 游泳池引入珠江水，池水随珠江潮汐起落，也相对清洁、安全。后来，广州市政自来水引入岭南大学，该游泳池用上了自来水，成为当时广州最好的游泳池之一。

图2-40　岭南学校游泳池开幕（一）

---

　　① 黄菊艳主编：《近代广东教育与岭南大学》，（香港）商务印书馆1995年版，第148页。

图 2-41 岭南学校游泳池开幕（二）①

1917年10月25日的《岭南青年报》以《红灰健儿欣奏凯 游泳第一 第三次胜利》一文，记载了游泳队参加广州青年会比赛的情况：

> 夕阳西照，橹声咿呀，中流升楫，或唱或和。红灰游泳健儿与各班代表，十九晚齐赴广州青年会，赛游泳也。已而至青年会，制服堂皇，或黄或白。先后至而环池伫观者，各校生员及来宾也。大喊一声"开会"，青年会干事许陈二君也。游泳之组织，或四人或三人为一队，盖限于池故。预赛四百四十码，第一组第一名则有谭君仁德，第二组第一名则有胡君裕铿，第二名则有黄君其广。谭胡二君用轮摇法游泳，而黄君则下双桨法，诚奇观也。四十码之令发，游泳员齐跃下池。忽见一人，由南而北，矫若游龙，忽用鲤鱼反水势，则由北而南，不瞬息间，即决胜点，其余泳者方在二十码以外。观其人，则我校健儿杨君锡章，第一组之英雄也。第二组第一名则为邝森持君，几与

---

① 《游泳池建成开幕》，载《岭南学校毕业录》，岭南学校1916年印。

体育先锋，近代传播

杨君相伯仲。一百码第一组第一名有黎君广煜，第二组第一名有邝森持君。预赛后继续复赛。四百四十码第一名为胡裕铿，第二名为谭仁德。四百码第一固为杨君锡章，第三则为邝森持。诚大观也。一百码第一名青年会得之，而第二名仍为邝森持，第三名仍属黎君广煜。而对于一英里之第一名，舍杨君锡章莫属。杨君身如一苇，可速可久。计绕游泳池凡八十八次，用时仅四十分。我校共得积分十五。青年会得分凡八。优胜纪念旗，遂属红灰之子矣。领奖后茶会而散。本校赴会者，引吭长歌，直至返校乃止。

岭南大学游泳队的竞技水平很高，在广东省名列前茅，与中山大学比肩，多名队员曾参加远东运动会。据《广州体育志》记载，在第四届远东运动会上，岭南健儿杨锡章等人取得游泳两项第二、一项第三的好成绩。

为了学生的游泳安全，1934年印行的《私立岭南大学一览》设置了到游泳池及珠江中游泳的规则：①

（1）有皮肤病或传染病者，不准在塘游泳。
（2）凡到游泳者，必先用清水洗身，然后方准入塘。
（3）非开放时间，不准在游泳塘游泳。
（4）到塘游泳者，须依编订时间。
（5）凡遇有特别比赛或特别需要时，体育委员会有权将原定时间取消。
（6）凡出河游泳者，至少须有同伴三人同往。

岭南大学水球队的实力很强，曾在广州国际游泳比赛中获胜。《私立岭南大学校报》1930年第2卷第20期第11～12页以"广州国际游泳大比赛　本校得全场冠军"为标题，介绍了岭南大学参加

---

① 《游泳规则》，载《私立岭南大学一览》，私立岭南大学1934年印行，第52页。

广州国际游泳比赛夺冠的情况：

一、游泳比赛

50米自由式游泳，第一名徐亨。

100米自由式游泳，第一名徐亨，第二名甘润喜。

400米自由式游泳，第一名徐亨。

4人接续游泳，第一名，本校队（徐亨、郭琳爽、陈瑞球、甘润喜）。

二、水球比赛胜利

9月13日，本校承培英学校之约，在东山越秀游泳场比赛水球，本校以十对四得胜。本校队员：徐亨、郭琳爽、欧阳康、方秀生、莫华韬、谭冠发、司徒光等。

三、第三次水上运动大会本校得奖品多件

广东省第三次水上运动大会。9月21日至23日，在东山精武会游泳场举行，此次男女参加者300余人。俱聚省港游泳能手，且有曾经出席远东运动大会者，比赛情形甚为热烈。冠军虽为香港夺去，而本校亦拥有相当成绩。其中徐亨、郭琳爽、陈瑞球、甘润喜四君之400米接续游泳得第二名。徐亨君之50米、100米两项比赛，均得第三名。查本次团体奖八件，本校得六件。

图2-42、图2-43为中山大学档案馆收藏的岭南大学游泳队的合影，其中，图2-43为参加广东省第十次运动会游泳比赛的获奖留念。

图 2-42　1920—1921 年，岭南大学的游泳队

图 2-43　广东省第十次运动会游泳优胜纪念

　　1933 年，徐亨参加第五届全国运动会游泳比赛的 50 米自由泳项目，获第四名。图 2-44 是《图画周刊》杂志 1933 年全运会特刊第 1 页刊登的徐亨的照片。徐亨是全能运动员，还同时参加了排球和足球比赛。

图2-44 1933年，徐亨参加第五届全国运动会游泳比赛

除了游泳，岭南大学学子对舢板活动也颇为喜爱。20世纪30年代初，岭南大学旁的江边码头停泊多艘舢板及几艘"螳尾"单人单桨艇，节假日不时游弋于江面。

20世纪30年代，广东省水上运动会设置了游泳、花样游泳、水球、划船等比赛项目，《图画时代》杂志1933年第969期就对广东省第三次水上运动会的舢板比赛进行了报道（图2-45）。

图2-45 1933年，广东省第三次水上运动会的舢板比赛

岭南大学毗邻珠江，除了游泳，龙舟运动也很盛行。1917年10月11日的《岭南青年报》以《练习驾舟》一文，介绍了岭南大学买艇、造艇一事。

> 大学拟造艇一事，各纪前报，闻此时已有成议。部长已尽力造去，经托本校旧生罗君德杰向船厂估价。拟造长龙两只，每只容七人，学生之签名扒艇者，必须能游水十五码方及格。签名中人程度恐多未符，拟日内在省青年会水塘或珠江中试验。又闻扒艇时间，在五点钟，俟省港夜轮启碇后，以免意外之危险云。

第八节　武术

岭南大学在引进西方近代运动项目的同时，兼习中国传统武术。1919年广东精武体育会成立后，岭南大学认为提倡传统武术有益于体育，学生遂组织一国技团，由精武体育会派武师来校教授武术（图2-46）。岭南大学提倡通过传统武术项目，体现尚武精神。不只男学生们积极练习，女学生们也不甘落后，踊跃参加武术锻炼（图2-47）。在体育课上、马丁堂前的运动场上，经常有武术练习、武术表演（图2-48、图2-49），场边有许多人围观。在学校的一些庆祝活动里，还有舞狮表演。

图2-46 岭南学子在精武体育会武师指导下练习霍元甲的十二路谭腿[1]

图2-47 岭南大学的女学生练习武术[2]

---

[1] 黄菊艳主编:《近代广东教育与岭南大学》,(香港)商务印书馆1995年版,第151页。

[2] 图片来源于中山大学档案馆。

图 2-48　1919 年的建校十五周年纪念会上，岭南学子在马丁堂前表演武术①

图 2-49　1919 年，马丁堂前的武术表演②

1917 年 9 月 21 日《岭南青年报》的《体育》一文，记载了岭南大学的武术活动情况：

记者于前星期游戏之余，偶步饭堂前，见工人学生十余远立

---

① 黄菊艳主编：《近代广东教育与岭南大学》，（香港）商务印书馆 1995 年版，第 168 页。
② 图片来源于中山大学档案馆。

草地，仰首齐注目于第三宿舍。予亦随之而仰首。见二楼上二十四号房前刀光闪闪，棒影团团。睇视良久，而刀止棒停。则盖一人弄双刀，一人操哑棒也。楼上旁立者数人，或谈其技，或效其舞。自是每日于游戏之余，窥其宿舍，时见有练刀者，操演棒者，夫以游戏之余，兼习别技。

第九节　橄榄球

作为美国大学体育传统项目的美式橄榄球，岭南大学也开展得很早。学生们训练认真、比赛正规，连比赛服装都与美国大学一样。岭南大学的橄榄球队经常与外国商会、外国军队的橄榄球队比赛。每有赛事，杂志就会进行专门报道（图2-50至图2-51），中山大学档案馆保留有学生活动、比赛的图片（图2-50至图2-52）。

图2-50　1933年，岭南大学橄榄球队与广州橄榄球队比赛（一）①

---

①　图片来源于《良友》1933年第75期，第80页。

图 2-51　1933 年，岭南大学橄榄球队与广州橄榄球队比赛（二）①

图 2-52　1934—1935 赛季，岭南大学橄榄球队合影

---

① 图片来源于《良友》1933 年第 75 期，第 80 页。

第十节　自行车

作为岭南大学的学生体育社团活动，自行车运动也开展了起来。自行车队的队员们经常游历于学校周围、广州城乡，也是一道城市风景。

1927年12月2日，《南大青年》以《旧同学欢迎声中之两大比赛》一文，介绍了岭南大学由国人自办的同学日活动，其中就包括单车（即自行车）比赛：

单车比赛。事前由童子部发函各社，请各派社员参加。计参加者凡数十人。比赛种类共分三项，（一）技能比赛，（二）短途比赛，（三）长途比赛。技能比赛在小学足球场举行，表演技能，五花八门，观者无不拍手称绝。短途比赛由南闸起至怀士园转一周，在东院前决胜。长途比赛绕怀士园20周。现将获胜人名及所属级社列右：

技能比赛：第一名，王霭南，悝社。
　　　　　第二名，黄锦裳，光社。
　　　　　第三名，刘荣，光社。
短途比赛：第一名，刘兆雄，昭社。
　　　　　第二名，陈式敬，中社。
　　　　　第三名，夏日华，鸿社。
长途比赛：第一名，陈式敬，中社。
　　　　　第二名，夏日华，鸿社。
　　　　　第三名，石梓玲。晶社。
　　　　　第四名，方正权，中社。
　　　　　第五名，郭琳褒，光社。

1930年5月26日的《岭南青年》(广州岭南大学学生基督教青年会周刊,以下简称"周刊")以《单车技能与乒乓波比赛》一文,介绍了岭南大学学生单车表演比赛与打乒乓球的情况:

> 上午10时半在烈士钟亭侧,先举行单车技能表演,加入表演者虽不及往年之踊跃,然而复得上年夺获首名之甄荣芳君(华侨)单独表演,五花八门,殊令观者咋舌。次则单车技能比赛,在附中球场,结果第一名为蔡融熙君。继而乒乓波比赛,结果第一名为黄吉祥君,对于波法之娴熟,送往迎来,殊令观众为之目眩云。

图2-53、图2-54为中山大学档案馆收藏的岭南大学学生参加自行车活动的照片。

图2-53　自行车活动

图2-54 1927年，岭南大学的自行车活动

第三章 体育制度,保障运行

第一节 体育委员会及《体育委员会章程》

岭南大学为了实施体育工作计划,特成立体育委员会,指导和管理学校的体育活动。据岭南大学1932年印制的《私立岭南大学一览》记载,岭南大学体育委员会的成员有:龙学蕃(主席)、梁振东、萧殿廉、麦国珍、陈彦融。

岭南大学于1932年拟定《体育委员会章程》,用以管理全校体育工作,具体规定如下:

第一条 本委员会定名为私立岭南大学体育委员会。

第二条 本委员会由校长指派五人至七人组织之,并指定一人为主席。司库一人,书记一人,则由委员互选之。各委员任期均定为一年,但连委得连任。

第三条 本委员会之权责如下:(甲)负责规划及指导全校体育事宜。(乙)监督学生所缴纳之全校体育费。(丙)保管学校各种奖品及体育用具。(丁)代表全校对外之一切体育接洽及交涉事宜。

第四条 本委员会受校长所委托,得执行任务。

第五条 本委员会每月第一星期一日开常会一次,报告上月工作及计划本月工作事宜。如遇特别事情发生时,主席得随时召集特别会议。

第六条 本委员会须有过半数委员出席,方得开会。

第七条 本委员会所议定事项,送请校长核准实施。

第八条 本委员会于学期终结前,应将学期内经过情形,报告校长。

第九条 本委员会办事细则另定之。

第十条 本章程如有未尽善之处,得由本委员会三分二以上决议,提出事务会议定,送请校长核准修正之。

第十一条 本章程自公布日实行。①

图3-1为1931年的岭南大学组织系统图②,从中可知,体育委员会的行政管理权归属于岭南大学教务长。

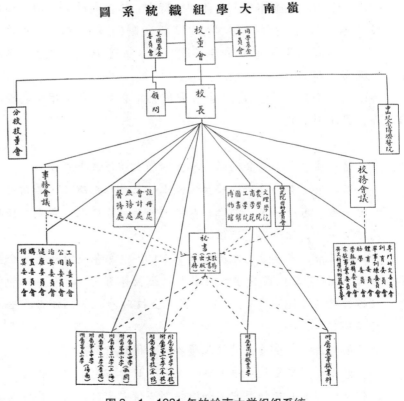

图3-1 1931年的岭南大学组织系统

---

① 《体育委员会章程》,载《私立岭南大学一览》,私立岭南大学1931年印行,第43~44页。

② 《岭南大学组织系统图》,载《私立岭南大学一览》,私立岭南大学1931年印行。

第二节 体育课及军训

据《广东省志·体育志》介绍①：清光绪二十九年（1903），清政府颁布《奏定学堂章程》，规定各级各类学校均设体操科（即体育课），高等学校每周3学时。体操科的教学内容分为普通体操和兵式体操（即军事体育）。两广大学堂除了教授兵式体操外，还有哑铃、棍棒、武术、竞走、跳高、跳远等教学内容。民国初期，国立学校强调"军国民教育"思想，体育课以兵式体操为主。

岭南大学非常重视体育课，早期即规定体育课为必修课，只是不记学分，在后来的发展中，逐步将体育课记入学分（图3-2）。据记载："1909年，岭南学堂学生共一百五十人，大学本科为两年制，大学预科为四年制。学科分英文、中文、体育三部。以英文部为主科，有圣经、文学、物理、化学、算数等课程。中文部每日仅授课一小时半，开设国文、国语、经史子学、舆地等课程。"②

图3-2 清末，岭南学堂兵操练习③

---

① 参见广东省地方史志编纂委员会编《广东省志·体育志》，广东人民出版社2001年版，第92页。
② 黄菊艳主编：《近代广东教育与岭南大学》，（香港）商务印书馆1995年版，第51页。
③ 《兵操》，载《岭南学堂手册》，1904—1912年印制，第30页。

1914年，岭南学堂军训，学生会操中以体育会的规模最大。

图3-3、图3-4为岭南大学及其附属小学的学生进行体育活动的照片。

图3-3　1919年，岭南大学学生的拔河活动①

图3-4　1919年，岭南大学附属小学童子军操练队形②

---

　　① 黄菊艳主编：《近代广东教育与岭南大学》，（香港）商务印书馆1995年版，第167页。

　　② 黄菊艳主编：《近代广东教育与岭南大学》，（香港）商务印书馆1995年版，第169页。

体育制度，保障运行

岭南大学于1934年印行的《私立岭南大学一览》中规定①：

> 各学院学生，必须肄业四年，修满其所属学系课程规定之学点及同数之绩点。初级，即第一、二年级，学力比率在0.90以上；高级，即第三、四年级，学力比率在1.00以上，并经提出毕业论文，经系主任会同教授评定及格。男生经习军事训练及格，女生体育及格者，方为毕业。体育：每周2小时，8学期（不给学分）。

图3-5、图3-6为中山大学档案馆收藏的岭南大学学生进行军训练习的照片。

图3-5　1925年，学生的军训练习（一）

---

① 《体育考试毕业规定》，载《私立岭南大学一览》，私立岭南大学1934年印行，第215页。

图3-6 1925年，学生的军训练习（二）

1931年，"九一八"事变后，国民政府命令中学、大学进行军事训练，把体育与军训结合起来。于是，军事体育成为各学校重要的体育教学内容。岭南大学及其附属中学的学生相继参加了由广东省教育厅派教员住校主持的军事训练（图3-7）。1936年后，军事训练改由广东省国民军事训练委员会派员主持，训练期限为一年，同时对受训学生进行军事化管理。1937年3月，女生亦开始实施军事看护训练。

图3-7 1933年，岭南大学的军训活动[1]

---

[1] 黄菊艳主编：《近代广东教育与岭南大学》，（香港）商务印书馆1995年版，第152页。

表 3-1 为 1946—1948 年，岭南大学孙逸仙医学院的课程课时设置①，其中，每个学期都安排有体育课，但不计算学分。

表 3-1　1946—1948 年，岭南大学孙逸仙医学院课程课时

一年级			二年级		
课程	第一学期	第二学期	课程	第一学期	第二学期
三民主义	2	2	统计	3	0
大一国文	3	3	分析化学	0	4
大一英文	4	4	有机化学	4	0
无机化学	4	4	医学心理	2	0
物理	4	4	人体解剖学	6	4
动物	4	0	有机体学	4	0
植物	0	4	胚胎学	0	3
急救	1	1	病理学	0	3
体育	0	0	生物化学	0	4
			急救	1	1
			体育	0	0
学分	22	22	学分	20	19
三年级			四年级		
课程	第一学期	第二学期	课程	第一学期	第二学期
寄生虫学	3	0	内科学	6	6
生理学	8	0	外科学	5	6
药理学	0	6	热带药物学	3	0
细菌学与免疫学	7	0	放射诊断学	0	2
病理学	4	6	皮肤病学与性病学	2	2
临床诊断	0	3	神经学与精神病学	2	2
实验诊断	0	3	妇产科学	0	2
急救	1	1	体育	0	0
体育	0	0			
学分	23	19	学分	18	20

---

① 李瑞明编：《岭南大学》，（香港）岭南（大学）筹募发展委员会 1997 年版，第 164~165 页。

(续上表)

课程	五年级 第一学期	五年级 第二学期	六年级
内科	3	3	每个第六年级学生需到医院任见习医生，并就内科学或外科学某一分支的有关问题提交一篇论文
外科	1	1	
儿科学	3	3	
尿道学	0	3	
妇产科学	5	0	
整形手术	0	2	
公共卫生	4	5	
眼科	3	0	
耳科		3	
法医学	2	0	
医学史与医生守则	0	1	
体育	0	0	
学分	21	21	

第三节　体育会费、奖学金、奖状和"三好学生"标准

一、体育会费

岭南大学的学生入学后，必须缴纳体育会费。岭南学堂时期的体育会费为每人每年大洋10元[①]；1931年印行的《私立岭南大学一览》之"教务规程"显示了1931年岭南大学的各项学杂费（图3-8），

---

① 陈国钦、袁征：《瞬逝的辉煌：岭南大学六十四年》，广东人民出版社2008年版，第13页。

体育制度，保障运行

其中包含体育会费，为每人每学期大洋1元。

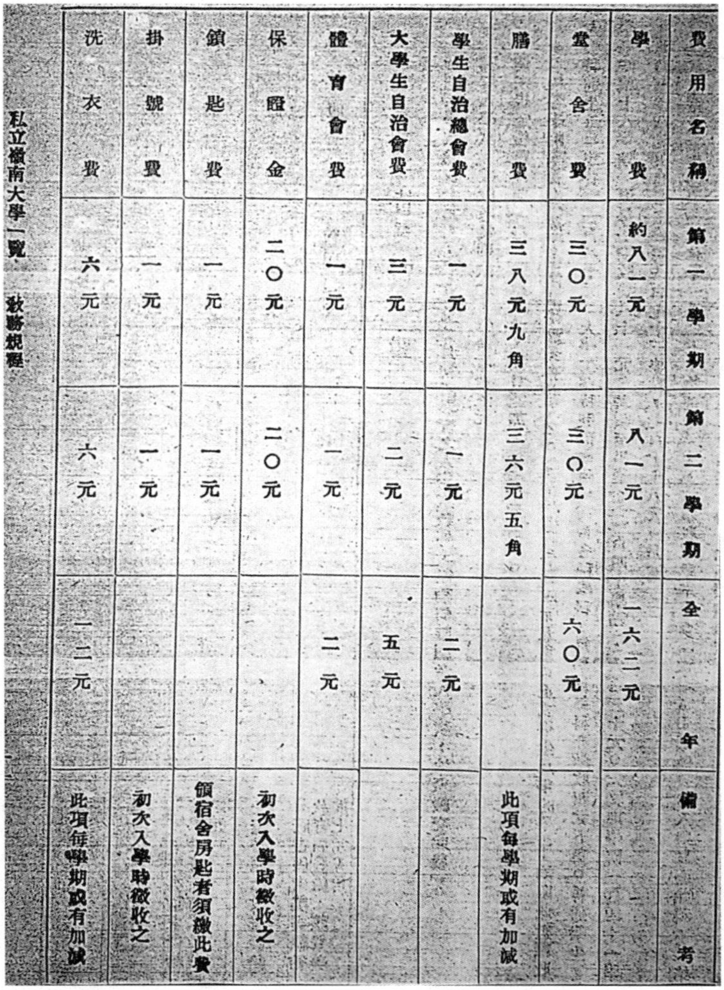

费用名称	第一学期	第二学期	全年	备考
学费	约八一元	八一元	一六二元	
堂食费	三〇元	三〇元	六〇元	此项每学期或有加减
膳费	三八元九角	三六元五角		
学生自治总会费	一元	一元	二元	
大学生自治会费	三元	二元	五元	
体育会费	一元	一元	二元	
保证金	二〇元	二〇元		初次入学时徵收之
锁匙费	一元	一元		领宿舍房匙者须徵此费
挂号费	二元	一元		初次入学时徵收之
洗衣费	六元	六元	一二元	此项每学期或有加减

图3-8 1931年岭南大学的各项学杂费

二、体育奖学金

同时，岭南大学对体育成绩优秀的同学给予体育奖学金奖励。1931年印行的《私立岭南大学一览》之"教务规程"规定，对体育优良以及能够发扬学校体育精神的学生给予体育奖大洋10元（图

3-9），在每年的毕业典礼时奖励。

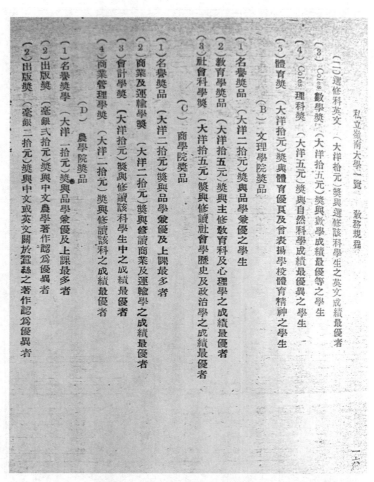

图3-9 岭南大学的体育奖学金制度

三、体育奖状、奖章

对于体育成绩优良的学生，岭南大学给予体育奖状、奖章鼓励。图3-10是1939年私立岭南大学的体育奖状，用来奖励体育成绩优良的同学，盖校长李应林章。图3-11分别是岭南大学、岭南大学附属中学的体育奖章。

体育制度，保障运行 第三章

图 3-10　1939 年岭南大学的体育奖状

图 3-11　岭南大学、岭南大学附属中学的体育奖章

四、"三好学生"标准

岭南大学强调"学以为人"的思想，注重培养学生的全面发展，以期服务于社会，为此特制定了评价学生德智体全面发展的标准，并奖励优秀学生。

1940年的"私立岭南大学二十九年度甄选学业操行体育成绩俱优学生名册"①（图3-12），就是以学生的学业、品德、体育三项成绩的平均成绩来评价学生的。这个评价标准，将德、智、体三个指标量化成具有可操作性的方案，极具参考价值。

---

① "私立岭南大学二十九年度甄选学业操行体育成绩俱优学生名册"，中大档案号：038-001-0053-001。

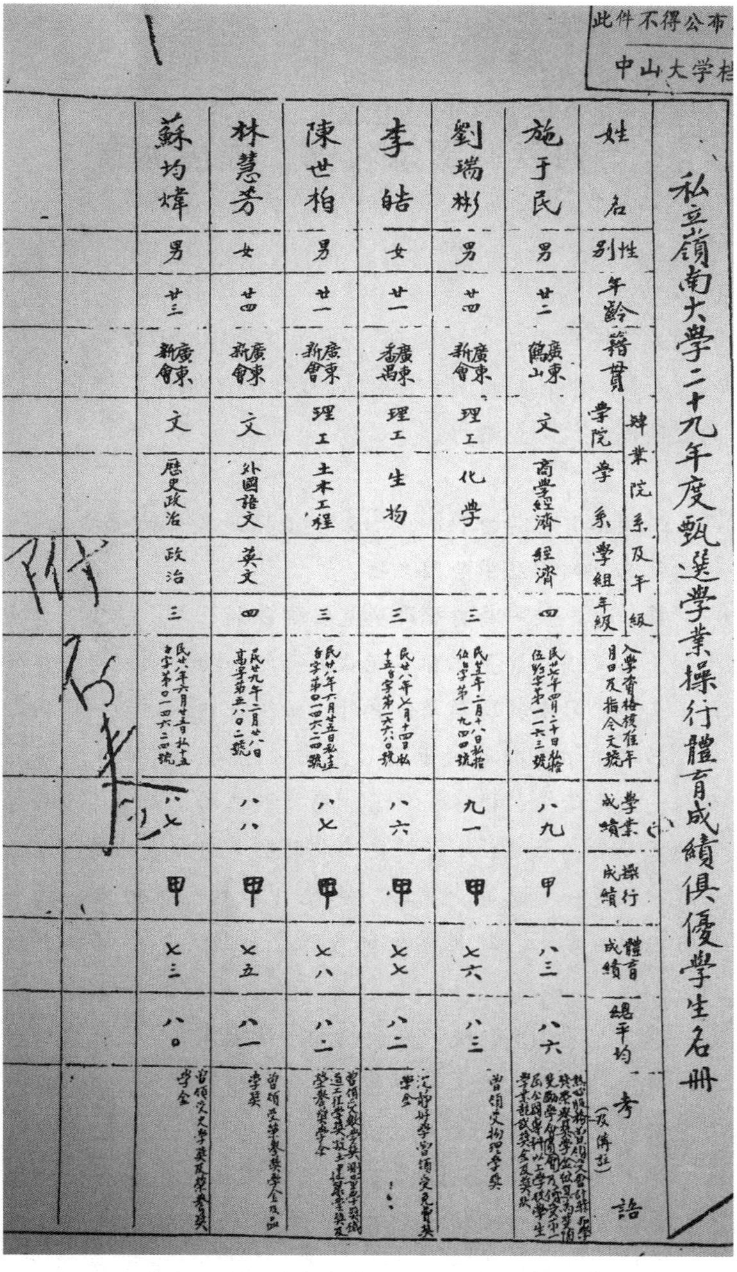

此件不得公布

中山大学档[illegible]

私立嶺南大學二十九年度甄選學業操行體育成績俱優學生名冊

姓名	性別	年齡	籍貫	肄業院系及年級：學院	學系	學組	年級	入學資格核准年月日及指令文號	學業成績	操行成績	體育成績	總平均	考語（及備註）
施于民	男	廿二	廣東鶴山	文	商學經濟	經濟	四	民廿五年四月二十日[illegible]字第一一六三號	八九	甲	八三	八六	熱心服務[illegible]
劉瑞彬	男	廿四	廣東新會	理工	化學		三	民廿五年二月十八日[illegible]字第一九四四號	九一	甲	七六	八三	曾領受物理學獎
李皓	女	廿一	廣東番禺	理工	生物		三	民廿八年七月十四日[illegible]字第一六六八號	八六	甲	七七	八二	[illegible]
陳世柏	男	廿一	廣東新會	理工	土木工程		三	民廿八年六月廿五日[illegible]字第〇一四六二四號	八七	甲	七八	八二	曾領受[illegible]
林慧芳	女	廿四	廣東新會	文	外國語文	英文	四	民廿九年二月廿八日高字第五八〇二號	八八	甲	七五	八一	曾領受學費獎學金及品學獎
蘇均煒	男	廿三	廣東新會	文	歷史政治	政治	三	民廿八年六月廿五日[illegible]字第〇一四六二四號	八七	甲	七三	八〇	曾領受文學獎及學費獎學金

图 3－12　私立岭南大学二十九年度甄选学业操行体育成绩俱优学生名册

第四章 锻炼救国，提倡体育

岭南大学体育教员萧殿廉在《优胜世袭——雄视一方的岭南体育》[①] 一文中，介绍了岭南大学的体育优势，如强制体育、户外运动、尚武精神、校际竞赛等：

> 本校体育优势特长由来已久，根据简又文的《岭南我岭南》校史第三章列举居中原因多项：
>
> 第一，本校当局自始即感觉我国积弱已久，学生多为文弱书生型，非提倡及注重体育不能收教育之全功，故规定全体学生每日下午，除习柔软及军事体育外，必须在户外运动一小时。
>
> 第二，学校回迁康乐村后，校址辽阔，各种运动场应有尽有——如足球场、排球场、篮球场、网球场、田径运动场等，或有两三处者，至通往小港桥之南北两路又自然成为练习长程赛跑路线，往返一圈总有十里路。由此（地利）优胜点，故全体学生可以同时参加，球类学生则分队分日练习，练习机会比他校为多。
>
> 第三，学生有传统的尚武精神，注重体育，久已成为校风与个人习惯。新生入校未久即自然同化。体育愈多，身体愈壮，体育愈好；此种（循环圈）由是继续不息地在学生生活中表现出来。每有校际或全省运动会，或球类比赛，同学有机会大显身手，更为爱校精神驱使，无不竭力从事……

---

① 李瑞明编：《岭南大学》，（香港）岭南（大学）筹募发展委员会1997年版，第215～216页。

第四章 锻炼救国，提倡体育

第四，学生于每日经常练习之外，复有年终全校运动会作级际比赛，其他级际之各种友谊比赛则随时举行，故体育成绩之水准常川维持，不俟出校比赛方加紧练习如"临渴掘井"。此外，本校为美国人所创办及主持多年，有关运动场上竞赛方法及技巧之改进，消息灵通，对于体育用品及设施亦常得优先购用。

第一节 课外体育、校内校际比赛

一、课外体育

岭南大学的课外体育活动丰富多彩，学生们每日下午都会在户外运动1小时。图4-1至图4-3是中山大学档案馆收藏的岭南大学的学生进行课外体育活动的照片。

图4-1　1925年，岭南大学的排球训练

图4-2 1929年,岭南大学的学生在做体操

图4-3 足球活动

锻炼救国,提倡体育

二、校内比赛

校内比赛多是级与级、舍与舍之间多层次的一般性体育活动,由体育会组织开展。

(一)级社比赛

岭南大学作为教会大学,有着自己独特的传统,老校友以岭南大学为家,为岭南大学起级社名、设级社旗。例如,1926年毕业的称方社,1935年毕业的称昭社。在《岭南青年报》及《南大青年》上,经常有关于某社与某社之间举行球赛的报道,其实就是某年级与某年级为增进感情、促进体育而举行的友谊赛。例如,1925年11月,方社与全社为联络促进,相约练习篮球、低网排球、足球等运动①;1929年4月8日,《南大青年》的《空前未有之球类友谊大比赛——钟校长到场行开波礼》一文,报道了英社与萃社之间的足球比赛,钟荣光校长也到场为比赛开球,球证(即裁判员)则是远东运动会中国足球队首发队员陈光耀先生。由此可以看出,这类比赛的正式程度与关注度都是极高的。

不仅仅是各个年级之间,每个年级的内部,或者不同的专业之间,也会举行各种各样的体育竞赛来增进关系、促进体育。例如,1925年11月,惺社举行乒乓球、绒球(网球)等比赛,来联络社内团结②;1926年12月25日,《南大青年》的《萃社消息》一文报道,"鉴于社员散居各宿舍,殊多膈膜,故举行球类、拔河比赛,以资团结";1921年,风社以求进步,与西教员进行篮球比赛③;等等。

(二)校运会

教会大学举办的校级运动会是中国最早的运动会之一,岭南大学

---

① 《方全缔结》,载《南大青年》1925年11月22日。
② 《惺社》,载《南大青年》1925年11月22日。
③ 《篮球比赛 风社与西教员 风社胜》,载《岭南青年报》1921年2月27日。

的全校运动会也是广州地区最早开办的校级运动会之一。岭南大学的校运会每年举行一次,即使是抗日战争时期也坚持举办。在项目的设置上,岭南大学校运会还是以田径项目为主。以1926年的校运会为例,以各级为单位,按身高分为甲、乙、丙、丁四队。

《私立岭南大学校报》1930年第2卷第24期以"全校运动会纪盛:司徒光君三级跳远破全国纪录 破广东全省最近纪录者九人"为标题,介绍了岭南大学运动会的盛况,其中有运动会的开幕式程序、钟荣光校长的致辞、比赛项目和成绩等。

本校全校运动会,于11月8日上午九时开幕。首由全校运动员齐集怀士园,随列队至西大运动场。该场事前已先盖搭大棚厂一座,可容观众数百人。到场后举行开幕礼,由学生自治总会主席魏贤祥君为主席。行礼如仪,并致开会词,随唱一千岭南人歌,继请钟(荣光)校长训词。钟校长训词大意:

"本校的运动成绩确是我们同学自动努力的结果,这是值得赞许的。以前本校虽极注重体育,但没有专员指导,都是同学们自己兴奋练习。现在已得旧同学刘伟林君担任体育干事,希望以后更有训练,更有组织,将来得到更高的进步。

本校全校运动会,以前每年均举行一次,惟近两年来,因事未有举行,故学校学生两方面,均感觉本年实有举行之必要,积极筹备,现在总算开成了。有没有得到相当的成绩,有没有达到我们的期望,将靠这次的纪录告诉我们。

本年全国运动会(第四届),田径的运动员,多数是本校的同学,差不多可说是代表广东,结果广东得到第三的位置,以学校论,本校亦可以与东北大学颉颃。至于此届远东运动会(第九届),田径赛方面,中国仅得一分,即为本校同学司徒光所取得,这诚然使我们惭愧,但同时我们更应奋发。同学们以前多注重在全省运动会里争竞,以为占得胜者,便是无上光荣,对于个

锻炼救国，提倡体育

人力求进步，很少注意，所以我们更应将此种见解打破，应将眼光放远一点，使下次全省全国远东或甚至世界运动会，我们都占得到相当的位置。

最后我们全体的同学，都应当加入运动。本校在十四五年前，全体学生对于运动都很热心，但自从开办大学以后，大学里的同学便很少练习，这两年来幸而这种习气已经矫正了，大学生也加入练习了，运动会当中大学的同学逐渐成了中坚分子，这是很可喜的现象，我希望这种精神能够永久地继续下去，并且发扬皇大达到最善的境地。

全校运动会开幕了，这正是开始的时候，不是终止的时候。同学们，以后继续努力吧！"

钟校长致训词后，各运动员即排成队在运动场环行一周，乃入场开始比赛。是日各运动员及锋而试，计成绩之最可纪者为司徒光君之三级跳远破全国之最高纪录，及远东运动会第三名之纪录，成绩为 14.13 公尺。其余破广东全省纪录者，计有九人。梁景平君高跳以 1.72 公尺破广东全省纪录，司徒光君跳远以 6.70 公尺破广东全省纪录，徐门灿君跳远以 6.31 公尺破广东全省纪录，方建文君跳远以 6.17 公尺破广东全省纪录，陈耀炽君三级跳远以 13 公尺破广东全省纪录，黄鼎芬君标枪以 38.92 公尺破广东全省纪录，刘青波君投枪以 38.36 公尺破广东全省纪录，欧阳康君投枪以 37.45 公尺破广东全省纪录，欧阳康君掷铁饼以 30.27 公尺破广东全省纪录，黄鼎芬君掷铁饼以 29.10 公尺破广东全省纪录，邝英明君掷铁饼以 28.48 公尺破广东全省纪录。

径赛类（只计前 3 名，第 3 名无成绩，第 4 名略——编者注）

50 公尺（小学初中的丙丁队略）

100 公尺

甲队　第 1 名　刘云川（艺社）11″9　第 2 名　刘灯（刚

社）12″05　第3名　徐门灿（鸿社）

乙队　第1名　刘瞬明（刚社）12″6　第2名　高为铁（英社）12″7　第3名　陈光耀（鸿社）

200公尺

甲队　第1名　刘灯（刚社）23″5　第2名　刘云川（艺社）23″8　第3名　麦国珍（中社）

乙队　第1名　邓树翼（晶社）25″1　第2名　高为铁（英社）25″5　第3名　许宝照（中社）

400公尺

甲队　第1名　麦国珍（中社）54″9　第2名　刘云川（艺社）55″2　第3名　韦金信（昭社）

乙队　第1名　邓树翼（晶社）57″9　第2名　高为铁（英社）59″5　第3名　黄如熙（晶社）

800公尺（不分队）

第1名　麦国珍（中社）2′15″3　第2名　黄树邦（刚社）2′21″5　第3名　郭琳爽（晶社）

10000公尺（不分队）

第1名　陈瑞麟43′47″　第2名　林士尧48′0　第3名　方其光

高栏

甲队（均未录成绩——编者注）　第1名　刘云樵（鸿社）第2名　林日昶（华侨）　第3名　庐观怡（中社）

乙队　第1名　张荣佑（鸿社）30″　第2名　刘顺明（刚社）30″3　第3名　陈显佑（晶社）

低栏

甲队　第1名　梁景平（中社）27″1　第2名　林日昶（华侨）28″6　第3名　庐观怡（中社）

乙队　第1名　刘顺明（刚社）29″2　第2名　许宝照（中

社）30″0　第3名　贾文祥（鸿社）

田赛类（单位：公尺）

跳高

　　甲队　第1名　梁景平（中社）1.72　第2名　徐亨（昭社）1.56　第3名　欧宏恩（刚社）

　　乙队　第1名　张荣佑（鸿社）1.55　第2名　李华进（华社）1.52　第3名　高为铁（英社）

撑竿跳高

　　甲队　第1名　区恩宏（刚社）2.80　第2名　徐亨（昭社）2.76　第3名　庐观怡（中社）

　　乙队　第1名　高为铁（英社）2.65　第2名　许少华（1938级）2.48　第3名　罗英齐（英社）

跳远

　　甲队　第1名　司徒光（中社）6.70　第2名　徐门灿（鸿社）6.31　第3名　古鉴文（鸿社）

　　乙队　第1名　张铨恭（鸿社）5.86　第2名　陈光耀（鸿社）5.79　第3名　苏方文（1937级）

三级跳远

　　甲队　第1名　司徒光（中社）14.13　第2名　陈耀炽（昭社）13.0　第3名　陈明德（华侨）

　　乙队　第1名　张铨恭（鸿社）12.25　第2名　李华进（华社）11.33　第3名　苏方文（1937级）

铅球

　　甲队　第1名　黄鼎芬（昭社）10.31　第2名　古鉴文（鸿社）10.15　第3名　邝英明（中社）

　　乙队　第1名　黄志强（鸿社）10.43　第2名　崔世泰（晶社）10.03　第3名　李华进（华社）

标枪

甲队 第1名 黄鼎芬（昭社）38.92 第2名 刘青波（昭社）38.36 第3名 欧阳康（晶社）

铁饼

第1名 欧阳康（晶社）30.27 第2名 黄鼎芬（昭社）29.10 第3名 邝英明（中社）

全能类

400米替换（4×100米接力）

甲队 第1名 中社 第2名 鸿社 第3名 刚社 第4名 华侨

乙队 第1名 晶社50″55 第2名 鸿社51″1 第3名 刚社 第4名 1937级

800米替换（4×400米接力）

甲队 第1名 中社1′38″5 第2名 鸿社1′41″第3名 刚社 第4名 晶社

乙队 第1名 晶社1′44″5 第2名 刚社1′46 第3名 鸿社 第4名 中社

1931年，《良友》杂志第54期就报道了岭南大学的校运会（图4-4）。右上图中，标号1的是校运会会长钟荣光校长，标号2的是副会长郭荫棠，左上图为运动员司徒光。

图4-4 《良友》1931年第54期报道的岭南大学校运会

三、校际比赛

体育会还组织学生们开展各项校际比赛。校际比赛是同香港的学校、西方驻广州侨民、西方军队等团体举行的多元化的体育友谊活动。

同校内比赛一样,与其他学校进行体育比赛主要是为了增进关系、促进体育发展(图4-5)。但在交往的对象上,校外比赛会比校内比赛更加多样化,不只局限于学生、老师。

图4-5　岭南大学女子排球队与广东省立女子师范学校女子排球队合影①

民国时期,经常与岭南大学举办比赛的学校、组织大致有以下几类。

(一) 其他国内大学

1919年3月14日的《岭南青年报》以《篮球第二队》一文,介绍了岭南大学篮球第二队与珠江学校篮球队比赛篮球的情况,这次比赛由岭南大学获胜。1929年3月2日的《南大青年》以《上海复旦大学与本校比赛排球》一文,介绍了上海复旦大学排球队到广州与岭南大学比赛排球的情况,当时因天色已晚,只比赛了两场,但均为

---

① 图片来源于中山大学档案馆。

岭南大学获胜。1931—1934 年，岭南大学与香港大学、中山大学、厦门大学共举行了 4 届华南区四大学联合运动会，其中第二届的冠军为岭南大学①。

（二）广州地区的其他教会学校

1917 年，岭南大学参加培英学堂、培正学堂、南武公学、岭南大学四校联合运动会，岭南大学参加了多项比赛，成绩多为优胜。②1918 年，岭南大学与培英学堂比赛过手球。③

（三）香港的学校

岭南大学与香港的学校进行体育交流比赛的历史早在清末就已经开始了。光绪三十三年（1907），香港皇仁书院粤籍学生郭宝根等组队来广州与岭南大学足球队进行友谊比赛，至此揭开了穗港足坛交往的序幕。④ 1917 年，岭南大学与香港名校圣保罗书院在岭南大学比赛足球、手球、游泳。⑤ 1918 年，岭南大学运动员赴港，与圣保罗书院、圣士提反学校、香港青年会分别比赛足球、手球、网球。⑥ 1927 年 4 月，广州进入大革命高潮时期，岭南大学停办；5 月 8 日，香港南华体育会举行香港第 5 次运动会，岭南大学依然派出 10 名运动员参加，并取得好成绩。⑦

（四）广州青年会

1917 年 10 月 19 日的《岭南青年报》以《红灰健儿欣奏凯　游

---

① 广东省地方史志编纂委员会编：《广东省志·体育志》，广东人民出版社 2001 年版，第 93 页。
② 《赴四校运动会　第四次胜利》，载《岭南青年报》1917 年 11 月 2 日。
③ 《再与培英赛战》，载《岭南青年报》1918 年 6 月 18 日。
④ 广州市体育运动委员会编《广州体育志》，广州市体育运动委员会 1995 年版，第 62 页。
⑤ 《圣保罗来校赛球》，载《岭南青年报》1917 年 11 月 2 日。
⑥ 《岭南球队行军日记》，载《岭南青年报》1918 年 1 月 11 日。
⑦ 《停办期内灰红健儿之体育成绩》，载《南大青年》1927 年 8 月 1 日。

泳第一》一文，报道了岭南大学游泳队赴广州青年会比赛游泳的情况；1920年5月16日的《岭南青年报》以《篮球比赛》一文，报道了岭南大学与省城青年会比赛篮球的情况；等等。

（五）西人士兵团体

广州作为最早开放的通商口岸之一，清末和民国时期，很多国家在此驻兵。这些士兵有时会组建队伍与岭南大学的学生比赛篮球、足球、排球等项目。虽然士兵们身材高大，队伍中颇多运动好手，而岭南大学运动员多为学生，但岭南大学的学生时刻将岭南精神、爱国精神牢记心中，全力以赴，永不服输，并多次取得胜利。

1917年10月11日的《岭南青年报》以《美国水手篮球险战胜东亚　本校一战胜之》一文，报道了岭南大学篮球队战胜美国希论尼舰水手篮球队的消息（详见第二章"篮球"一节）。1919年12月14日的《岭南青年报》以《足球第一次大胜利》一文，报道了岭南大学足球队在沙面与葡人比赛足球并获得胜利的情况。1921年10月30日《岭南青年报》的《比！足球》一文，报道了广州税关美国工作人员与各国侨民组织了一支联合足球队，来挑战岭南大学足球队，结果双方不分胜负，奈何冬日苦短，天色将晚，只得吹哨停战。类似的比赛报道在《岭南青年报》中有很多，而且频率相当高，可见这样的比赛在当时已经颇具规模、相当成熟。每次遇到这种比赛，岭南大学的学生运动员们都会积极备战、勇往直前，不论敌人多么强大，学生们都勇于迎战。获得胜利后，岭南大学的其他同学也都万分兴奋，因为此刻岭南大学的学生运动员所代表的不仅仅是岭南大学，更是中国的希望、东亚的希望。

（六）对外交流比赛

民国初期，广州城市开放，不少国际比赛在粤举办。

1928年，广州市中西网球联赛于9月15日开始举办，持续了四个月之久，中外好手们均前往比赛，观赛者众多。最终，岭南大学丙队荣获第一，获大银瓶一具，队员马炽壎、陈真福、何世光、聂雅德得金质纪念章一枚。其中，马炽墣技术颇好，被观者称为"无敌将军"[1]。1929年，广州举办第一届广州足球联赛，岭南大学获冠军（图4-6）。[2] 1933年，岭南大学篮球队经常前往新加坡、马来亚、越南等地比赛，凯旋而归，开辟了单独一校组队外访的先声[3]。

图4-6 1929年，第一届广州足球联赛，岭南大学获得冠军

四、体育表演

体育表演赛也是由体育会组织的，极具观赏性。体育表演赛不仅可以向大众展示体育项目，还能让更多人感受到体育精神，更多地了解体育。1920年，前广东都督、时任福建省省长的陈炯明在福建漳

---

[1] 《国际网球联赛结束 岭南大学全场冠军 李主席夫人颁奖》，载《南大青年》1928年12月25日。

[2] 黄菊艳主编：《近代广东教育与岭南大学》，（香港）商务印书馆1995年版，第155页。

[3] 广州市体育运动委员会编：《广州体育志》，广州市体育运动委员会1995年版，第56页。

州开联合运动会,钟荣光校长赴会。陈炯明托钟校长邀请岭南大学的运动员赴漳州表演足球,以振兴该处体育,多名运动员前往(详见第二章"足球"一节)。

第二节 学生体育会及体育筹款

岭南大学很早就成立了各种类型的学生会。1914年,岭南学堂的学生会中,以体育会的规模为最大。体育会坚持民主传统、自治管理,有1名会长和4名副手,负责组织各种体育活动。从岭南学堂时期起,体育会就从附属小学、附属中学一直延至大学,规定所有学生必须入会,每人每年交大洋10元作为活动经费。体育会每学期会举办各种比赛,如班与班、级与级、宿舍(堂)与宿舍(堂)之间的比赛,培育公平竞争、团结争光、爱社爱校的意识。在比赛时,级社同学亦绕场呐喊助威,气氛热烈。

1917年10月4日《岭南青年报》的《大学体育》一文,介绍了体育会的工作安排,包括确定各项目组队长、运动监督、组织足球队、篮球队等情况:

> 大学体育进行各事,已纪前报。兹查得其委定各部部长如下:足球队长唐福祥,手球部郭琳爽,田径部简又文,篮球部袁国心,绒球部卢价炳,干事郭仲棠,检查部杨重新,闻检查部之设,所以监视及调查各学生之到场游戏与否。然大学游戏,并非强逼,是以到部签名者,殊落落。其先不过全校之三分一人。继得部长之鼓吹,今人数已过半,是虽不能显学生之嗜运动好体育,然亦可知部长之尽力矣。前大学复开学生会,该部进行已发表一二。兹各述其议定及提出研究之见如下:
>
> (一)游戏种类准备足球二队、手球三队、篮球四队、绒球十八队。

(二)凡已签名游戏而不到场者罚一角。

(三)拟由部内拨款五六十元,为造艇之用,以备学生之练习驾驶。

一、体育会志言

《岭南学堂手册》中的《本学堂体育会志言》点明了体育会的目的在于"养成健全之体格,活泼之性质,以为他日奔走国事,驰驱疆场之用",如图4-7所示:

体育会古已有之,仪礼习射、曲礼投壶,名虽不同,意趣则一。中世以降,重文轻武。驰马击剑之风,一变为吮毫染笔之习。甚至拖钩蹴鞠之具、抛陶角抵之技,均视为浪子顽童之所为,而不屑与伍。盖髫龄入学,督责綦严,稍事嬉戏,夏楚及之,日久性移,柔靡不振。而体育一道,无复有提倡道及之者,良可慨矣。海通以来,东西交庭,人类竞争,日以剧烈。虽优胜劣败,恃智而不恃力。然体魄不健,脑气莫由发皇,如影随形,理固然也。比年以来,学校遍立,体操一门,遂为必修之科。而体育会者,更所以补体操之所不及,而收效犹大且速者也。本校之体育会,为何君杰、敖君士洲诸人所组织。斯时本校设于澳门,生徒不众,规模未甚扩充。嗣本校迁来羊城河南之康乐埠,学舍稍广,就学愈多,此会亦因之日益发达。其会费则于开学之时,每人缴洋一元,以为购备游戏器具之需。并公举总理、司库各一人,分司其事。游戏各门,则有脚球、网球、手球、游泳、竞走、跳高及各种柔软运动。凡在会者,均须于每日体操后分队练习,故功效骤进。千九百零六年,与千九百零七年,省城两次开运动大会,本校生徒,均夺得锦标而归,亦可见其一斑。盖风尚所趋,人心思奋,而尚武精神,实为保国强种之不二法门。莘莘学子,志趣远大,莫不踊跃练习,一洗文弱之耻。且此会之用意,正所以养成健全之体格,活泼之性质,以为他日奔走国事、驰驱疆场之用。若然,则此会之裨益中国,岂浅鲜哉。爰述大概，以志欣感。①

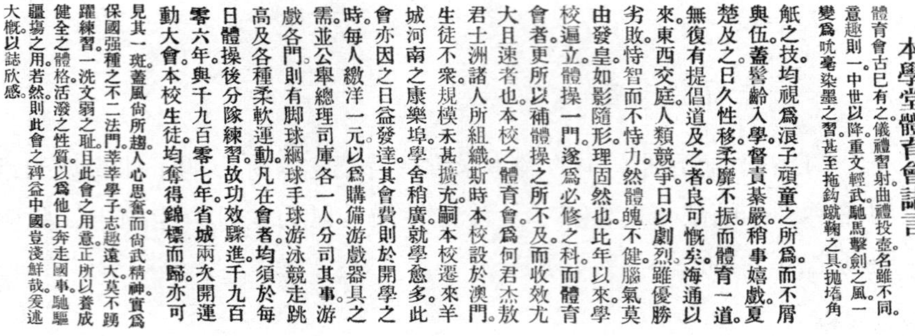
本學堂體育會誌言

體育會古已有之。儀禮習射。曲禮投壺。名雖不同。意趣則一。中世以降。重文輕武。馳馬擊劍之風。一變爲吮毫染墨之習。甚至拖鈎蹴鞠之具。抛堶角觝之技。均視爲淚子頑童之所爲。而不屑與伍。蓋髫齡入學。督責綦嚴。稍事嬉戲。夏楚及之。已久性移。柔靡不振。而體育一道。無復有提倡道及之者。良可慨矣。海通以來。東西交庭。人類競爭。日以劇烈。雖優勝劣敗。恃智而不恃力。然體魄不健。腦氣莫由發皇。如影隨形。理固然也。比年以來。學校遍立。體操一門。遂爲必修之科。而體育會者。更所以補體操之所不及。而收效尤大且速者也。本校之體育會。爲何君杰敖君士洲諸人所組織。斯時本校設於澳門。生徒不衆。規模未甚擴充。嗣本校遷來羊城河南之康樂埠。學舍稍廣。就學愈多。此會亦因之日益發達。其會費則於開學之時。每人繳洋一元。以爲購備游戲器具之需。並公舉總理司庫各一人。分司其事。游戲各門。則有脚球網球手球游泳競走跳高及各種柔軟運動。凡在會者。均須於每日體操後分隊練習。故功效驟進。千九百零六年。與千九百零七年。省城兩次開運動大會。本校生徒。均奪得錦標而歸。亦可見其一斑。蓋風尚所趨。人心思奮。而尚武精神。實爲保國强種之不二法門。莘莘學子。志趣遠大。莫不踴躍練習。一洗文弱之恥。且此會之用意。正所以養成健全之體格。活潑之性質。以爲他日奔走國事。馳驅疆埸之用。若然。則此會之裨益中國。豈淺鮮哉。爰述大概。以誌欣感。

图4－7　岭南学堂体育会志言

二、体育会的运作及活动安排

体育会有工作章程、活动计划，有很强的执行力。1919 年 10 月 1 日《岭南青年报》的《体育会改选》一文，介绍了体育会会议、改选以及运动项目负责人的分工情况：

“亡羊补牢，不为晚也”。本校体育健儿 48 人，齐集膳堂，讨论本年体育进行计划。咸以前第四次远东运动会，本校生与赛者共 16 人，而获胜者只寥寥一二，不能为国家为母校争多少光荣，不可不谓为憾事。体育结果之所以如此，推原其故，未是非因办理体育之不能尽善。合往年体育事务，悉由总理一人肩任之。以一人有限之力，办理此纷繁之体育事务，而欲体育有所进步，不亦难乎。故体育会之从新改组，诚刻不容缓者也。此次组织以分工任事为主，故职员人数略有加增，组织大纲，节录于下：

（1）管理员：由各种球队第一第二两队二员选出，专司管

① 《本学堂体育会志言》，载《岭南学堂手册》（岭南学堂内部印刷品，1904—1912 年），第 8～9 页。

理为球队取告假单及筹备各项比赛事。

（2）队长：由每种球队第一第二队长二员选出，有选择队员及比赛时指挥一切之权。

（3）庶务：筹备比赛器具。

球类管理员：邓祖荫						
项目	足球	手球	绒球	游泳	野球	篮球
队长	李文锡	黄仁让	黄保廉	杨锡章	黄吉兆	邓祖荫
庶务	黄安福	钟肯	谭永乐	胡裕铿	伍荣大	周秉钧

田径管理员：邓祖荫						
项目	栏跳	远走	高跳	短走	远跳	铁球饼
分队队长	张香生	胡裕铿	曾恩涛	黄安福	张香生	黄振权

图4-8至图4-10为中山大学档案馆收藏的岭南大学体育会和岭南大学附属中学开展体育活动的照片。

图4-8　1929年，岭南大学足球队与香港足球队比赛后合影

图4-9 岭南大学体育会组织户外活动

图4-10 1930年，岭南大学附属中学球类、田径、游泳队等队长合影

三、岭南大学的体育筹款能力极强

岭南大学的办学费用多来自各方筹款，体育活动的开展也不例外。岭南大学向来有创新超前意识，在当时的奥林匹克运动会还依靠

锻炼救国,提倡体育

自筹经费举办的年代,岭南大学的校运会却已经开始"招商引资"了。当时的举办者,在运动会秩序册的底面和中间,都植入各种红极一时的品牌的广告,如"双狮牌"体育文具行、永新玻璃、桂庭印务书局等,甚至还有小吃店的广告,从中可见岭南人的创新、务实精神。

岭南大学体育活动的资金筹集方式主要可以分为三种。

(一) 体育会聚会筹款

20 世纪初,中国迎来了清末新政、辛亥革命等运动,逐渐解放了禁锢国人两千多年的封建思想,也让中国人接触到了西方的教会及教会学校。在这一时期,国人在办学筹款方面也迈出了巨大的一步,很多中国人甚至海外华侨不断地为岭南大学捐款,维持了岭南大学的正常运行。在岭南大学,学生们除缴纳学费之外,也自发地进行筹款活动。

1917 年 11 月 2 日的《岭南青年报》以《体育叙会》一文,介绍了体育会的开会情况,其中包括参会师生、运动会的准备、唱校歌、筹款等内容:

> 本校学生开特别叙集以磋商体育进行事宜。是日到会者,除大中学生外,中西教员到者亦多。黄君启明宣布此次开会,所以预备四校运动会。本校校歌,学生多未能一一咏唱,乃由莫丹路先生领唱校歌,声震屋瓦。黄主席乃请大学体育部长郭琳爽君演说。君远溯亚东大会,近证其一身之经历,以三事勉我同学:(一) 为多带校旗赴会,(二) 为以合声唱校号,(三) 为勉守场规。至后主席宣言,谓将来体育用费之浩繁恐至竭蹶,乃向会众宣布捐款,以济急需,当堂由学生中筹得六十元之谱,闻并拟向中西教员少求资助云。

1918 年 3 月 22 日《岭南青年报》的《捐》中写道:

本学期中学体育会预算短 200 余金，平均要每人捐银八角方可足用，前礼拜五在早祷时，学生教员认捐之数达 180 元……

（二）体育会演剧筹款

20 世纪 20 年代，岭南大学体育会在筹款的方式上，出现了一种独特、新型的筹款方式——体育会演剧筹款。1921 年 1 月 1 日《岭南青年》的《体育会演剧筹款》一文中记载：

今年大中学体育会因建筑数新球场及其他用途之故，不敷极巨。该部以筹款最易且速者，莫如演影话剧，故特于本星期五排演。剧场在怀士堂，所演者为谐剧，共八幕，闻由某公司报效，凡有是癖者，当欣然有喜色而相告曰"曷与乎"。

1921 年 10 月 23 日《岭南青年》（周刊）的《演剧筹款》一文也记载了类似的筹款方式。这次是足球队因为去年比赛失利，发奋图强，可惜经费不够，所以决定演剧筹款，并且得黎广俊同学的父亲报效影画，因此足球队假座怀士堂开演筹款，观者依所捐金额，定别座位。由此观之，当时岭南大学的体育会已经形成了很大的影响力，能够利用筹款金额来排定演剧的前后座位，与现代的美国巨富巴菲特的筹款方式基本一致。

（三）比赛筹款

1923 年，岭南大学的游泳池因修建之时资金短缺，建设简陋，致使游泳者多患皮肤病，因此决定筹款修理游泳池。学校给予 500 港元捐助，其他的费用由学生设法捐足。其筹款方式采用了三种比赛方法：四校（岭南大学、岭南大学附属中学、华侨学校、岭南大学附属小学）比赛、每校各级比赛、校内各级比赛。[①] 最终按每校每人平

---

① 《重修游泳池》，载《南大青年》1923 年 4 月 22 日。

均捐款定夺各校成绩，结果华侨学校第一、岭南大学附属中学第二。各校筹款成绩如表 4-1① 所示：

表 4-1 各校筹款成绩表

项　目	岭南大学	岭南大学附属中学	岭南大学附属小学	华侨学校
人数（人）	192	311	216	70
银数（元）	400	800	386.67	428.54
每人平均（元）	2.11	2.57	1.8	5.95

1927 年后，岭南大学收归国人自办，美国方面给予的捐款数额急剧减少，严重影响了岭南大学的办学进程。但是岭南大学的同学将岭南大学当作自己的家，家中有难，全员出动，体育会更是如此。1929 年 11 月 18 日《岭南青年》（周刊）的《我校球队为母校筹款赴港赛球》一文中写道：

> 我校同学爱护母校，素具热诚，离校同学、在校同学对于筹捐母校基金一事，尤为效力，无不欲母校基金早日酬达目的。本校球队亦有见及此，乃决议赴港赛球，一方面可为母校多筹基金，第二方面可表扬我校球术之高超，并借此以砥砺。

从中可以看出，岭南大学体育会利用自身优势，将筹款方式加以创新，不仅宣传了岭南大学的体育文化，还为母校解决了经济困难，真是将体育运用得淋漓尽致。

1927 年，岭南大学足球、篮球、排球、网球四支球队的队员到香港比赛，图 4-11 是他们的合影。《良友》杂志 1927 年第 22 期予以专题报道。

---

① 《各校成绩表列下》，载《南大青年》1923 年 4 月 22 日。

图 4-11　岭南大学足篮排网四球队队员到香港比赛

龙学蕃在《岭南大学足球谈》一文中记述了岭南大学足球队与香港大学足球队打友谊赛的情况，如图 4-12 所示。①

图 4-12　岭南大学与香港大学足球比赛

第三节　岭南大学体育啦啦队及队歌

在运动会上，学生们组织啦啦队，可以展示学校精神。如何展示学校精神？岭南大学的学生就采取了美国大学的做法，组织啦啦队，

---

① 《中国学生》1931 年第 3 卷第 8 期，第 42～43 页。

锻炼救国，提倡体育

其中有乐队表演、球迷唱歌，相当热闹。每当啦啦队进场时（图4－13），就由领头人带着喊："岭南！岭南！岭南！""岭南！南！南！"

图4－13　岭南大学的啦啦队①

岭南大学的乐队很有影响力，曾培养了我国著名音乐家冼星海，他们经常组织音乐会，到社区表演，包括举办户外音乐活动（图4－14）。

图4－14　1936年，岭南大学乐队的户外活动②

当时，岭南大学青年会干事简又文（专研太平天国的史学家，

---

① 李瑞明编：《岭南大学》，（香港）岭南（大学）筹募发展委员1997年版，第259页。
② 图片来源于中山大学档案馆。

广东省文史研究馆首任馆长）预作《岭南凯旋歌》（图4-15）："一千岭南人精精神神，合成一大群，高声欢祝凯旋军。"又作《岭南牛》："他们叫岭南人做岭南牛，粗黑、大只、不靓，让人似狮虎般凶猛，似猪好命，妖孽似狐精，服务人群却以牛胜！服务人群以牛胜！"① 同学们全体高唱，热闹之极。

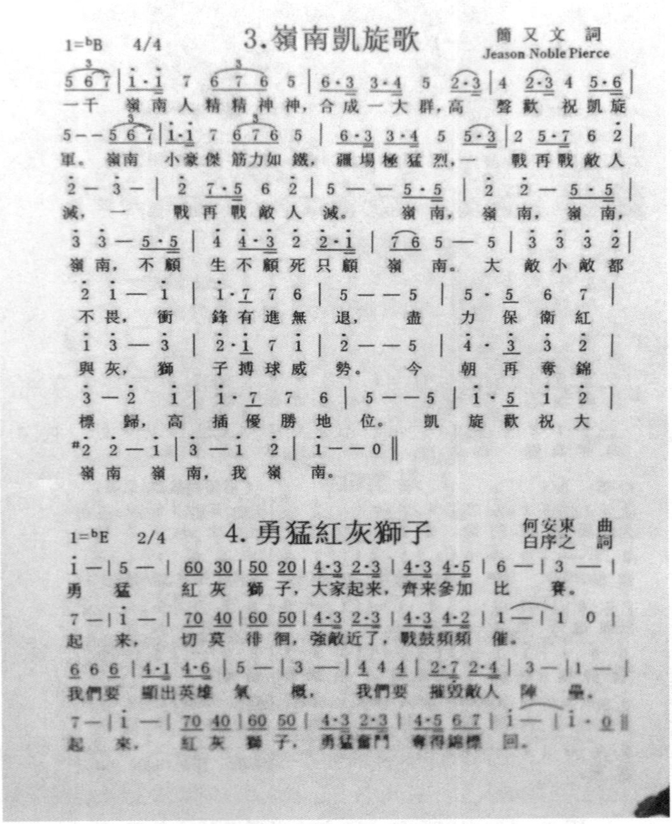

图4-15 《岭南凯旋歌》和《勇猛红灰狮子》②

简又文还模仿美国的一首歌，创作了岭南战歌。这首歌唱道：

---

① 李瑞明主编：《南国凤凰——中山大学岭南学院》，（香港）商务印书馆2005年版，第135页。
② 《岭南记忆》编委会：《岭南记忆》，中山大学出版社2015年版，第221页。

"岭南校旗上的红色是鲜血的颜色,灰色是钢铁的颜色,成千上万的岭南儿子将用生命捍卫这面旗子。"

岭南大学的校徽是红底印有灰色"岭南"字样,所以,"红灰"成了岭南大学的代名词,"红灰狮子"常用来指代岭南大学的运动员。岭南大学的啦啦队有很大的影响力,经常高唱《红灰狮子》和《勇猛红灰狮子》(图4-15)两首歌曲,把自己的运动员比作威猛的狮子。《红灰狮子》这首歌采用加拿大法语民歌的曲调,填上自己的歌词,歌中有"运动屡夺锦标回,尚武精神此称首"的豪言壮语。

在岭南大学的运动歌曲中,还有一首《了不得》:

红灰狮子,勇猛红灰狮子
红灰狮子,勇猛真无比
上阵冲锋敌披靡,锦标夺得齐欢喜
齐欢唱,齐欢呼,齐欢唱,齐欢呼
好,红灰狮子,勇猛红灰狮子
红灰狮子,勇猛真无比
了不得　了不得
红灰的健儿了不得
红灰的健儿了不得
斩将夺旗　红灰健儿

第四节　欢送会、欢迎会、庆功会、宴会

岭南大学重视体育,每次比赛出发前,师生们常常全员到场,欢送运动员出赛。即使是全校性比赛,各级社也会自行召开誓师大会,以鼓舞士气。运动员们胜利归来时,岭南大学还会举行各种欢迎会、祝捷会,宴会间常有舞狮表演(图4-16)。

图4-16 舞狮表演后的合影①

一、级社的校运会激励会

1926年,精社、申社为校运会召开誓师大会。其中,精社的女社员准备了冷衫(广东方言,即毛衣),预备奖励在这次运动会中得分最多的精社运动员②;申社准备将刻有"紫白健儿"的石印赠予本次运动会中的申社得奖者③。

1928年9月16日《南大青年》的"社务消息"专栏,刊登了一则《英社趣闻——女社友宴请运动健儿》的报道:

> 际此秋风瑟凉、全校运动会到来的时候,提倡体育之热烈精神,风起云涌,漫弥全社之青年。英伟社友摩拳擦掌,应时奋勇而起。女社友争光为谁?争己社冠军荣誉及鼓动运动员努力奋斗起见,特于本月三号晚八时设宴于招待室。一班运动猛将均整装美容赴会,享受无上的欢叙。会中秩序之鼓励之方程若何,惜记

---

① 图片来源于中山大学档案馆。
② 《精社》,载《南大青年》1926年3月17日。
③ 《申社》,载《南大青年》1926年3月17日。

者有事未能赴会。惟从近两日运动成绩看来，各运动员竞争异常踊跃卖力，颇得女社友之欣赏及满意云。

二、广东省运动会前的誓师宴会

1928年10月27日《南大青年》第17卷第7期的《李校长宴请参加省运会的运动员》一文，记载了岭南大学参加广东省运动会之前，李应林副校长宴请岭南大学运动员的情景：

> 全校运动会各项运动员经已选定，李副校长以各运动员非常尽力，在全省运动会时必为岭南发扬精神，故于15日晚设茶会请各运动员。查是晚到会者除男女运动员90余人，更有热心体育之教职员20余人云。又闻学生体育执行委员特举出筹备会职员如下：
> 代表：杨重光
> 总务部长：龙学蕃
> 训练运动员主任：梁无恙
> 管理运动员主任：胡兆韬（主席），余瑞峣，杨景铎，温耀武，龙学蕃
> 运动场主任：梁彬（主席），温耀石，罗石民，胡兆韬
> 救场主任：谢宝珩
> 宣传主任：魏贤祥，刘明顺
> 鼓励主任：杨景（主席），方正权，夏日华
> 交通主任：麦应基，余瑞峣
> 奖品主任：唐福祥
> 摄影主任：李华，梅振强，朱志沧
> 各项队长：
> 篮球：罗南科，刘毓照；
> 排球：黄昆仑，李华；
> 足球：陈光耀，龙学蕃；

垒球：周盛樑，李桂荣；

绒球：黄吉祥；

田径：梁无恙，麦国珍；

游水：朱志沧，李炳芬。

三、全国运动会前的欢送宴会，校长鼓励，学生致辞

1930 年 3 月 17 日《岭南青年》（周刊）的《大学学生会、学生总会欢送我校出席全国运动会选手》一文，记载了运动会前的欢送宴会：

> 全国运动大会，举行于杭州，广东选手几经选定，计本校获选赴全国者有二十余人。大学学生会及学生总会，以我校此次被选出席者如是之多，实深庆幸之至，况各选手此次不特为广东争胜，而对学校，亦与有光荣。故于 13 日下午 9 时设宴于招待室欢送我校各选手，预祝其成功！是晚到会者，除学生会职员及全体选手外，尚有钟（荣光）李（应林）两校长，觥筹交错，极形闹热。席间有钟、李两校长致辞，及总会主席莫渭贤，学生会主席魏贤祥，各代表学生会致欢送词，后由魏君举杯预祝胜利，各选手亦起立共饮一杯；一时誓夺锦标归之空气，异常紧张，最后由陈君代表各选手致谢词毕，尽欢而散。

四、香港比赛归来祝捷会，盛况空前

岭南大学的运动员比赛胜利归来时，学校往往会召开祝捷大会，庆祝一番。祝捷会的选址有时在大草坪，有时在怀士堂。1917 年 12 月 14 日《岭南青年报》的《狮子凯旋记》一文，就描述了祝捷会的盛况：

> 月之八日晨早七时，中学全体学生，列队赴江干鹄立朔风之

中熯日之下，以候本校球队奏凯回校。狮子一头，乘风起舞，更壮威势。至七时半，果见本校电船鼓轮东下。数百红灰赤子，高声欢迎"岭南岭南"之声，振珠江之水。凯旋健儿既登岸，拍掌之声大作。乃由狮子带路，直进校门，众人乃揭帽肃立，恭唱校歌。

是日下午五时，体育会开大祝捷会于怀士园，凯旋健儿高坐石阶。本校历年优胜锦标，则辉煌头上。全校员生站立园中，主席黄启明君宣布开会。乃请狮子军大元帅刘伯棠演说，遂请足球总司令郭仲棠，手球总司令郭琳爽，绒球总司令鲍燦光，相继演讲赴港比赛战况。每言至得胜之时，鼓掌欢呼。至失败各队，则以各战将已尽力，亦为欢祝。各司令并介绍在场最出色之小英雄，与众相见。众人乃高唱凯歌以欢祝之。最后锣鼓一响，狮子乃从怀士堂跳出。小狮三头，随母狮高舞，连弄滚球采青诸技。全体员生乃唱母校歌而散。

五、庆功祝捷宴，校长宴请、汽车环游

1928年12月1日的《南大青年》上，《秘书处请运动员饮茶》和《校长请运动选手晚餐》两篇新闻，报道了广东省第十一次运动会之后，岭南大学秘书处及钟荣光校长为运动员们庆功的情况；晚餐后，运动员们还受邀乘汽车环游广州市。12月8日《南大青年》的《祝捷会纪盛》一文，详述了祝捷大会的情况。会上，钟荣光校长与杨重光校长作了演讲，钟荣光的夫人与唐福祥先生为运动员颁发奖品，伍佰就君宣读祝福之词，然后全体齐唱校歌，庆祝运动员胜利归来，晚十时，赴中学膳堂茶会。

第五节 男女同校的先驱

1906年,岭南学堂就招收了数名女生,与男生一起上课,这些女生多来自教职员和教会家庭。图4-17为1907年的岭南学堂女学生合影。

图4-17 1907年(丁未),岭南学堂的女学生①

---

① 《女学生》,载《岭南学堂手册》,岭南学堂内部印刷品(1904—1912年),第5页。

锻炼救国,提倡体育 第四章

进入民国以后,一般小学才开始实行男女同校,但中学以上仍未开此禁,而此时的岭南学堂,中学、小学均已实行男女同校。开设大学课程后的1917年,岭南学堂也同样实行男女同校。综观全国,直至1920年,国立北京大学才允许女生注册,实行男女同校。此后,大学男女学生同校之风才在全国推行起来。①

不仅是文化课堂,岭南大学的课外体育比赛中,女子体育也时常出现。

1919年4月4日《岭南青年报》的《体育会》记载:"本校女学设有体育会之会规,每日课余,必须运动一小时,运动之种类有排网球、野球等";1925年11月29日《南大青年》的《精社》报道,精社女子低网排球队有队员被编入了全校球队;1928年4月30日《南大青年》的《女子排球大比赛略记》,报道了岭南大学女子排球队参加广州市女子排球大比赛的场景。

图4-18至图4-22是中山大学档案馆收藏的岭南大学女学生持运动器材的合影,以及进行课外体育活动的照片。

图4-18 岭南大学的女学生宿舍照(持排球合影)

---

① 黄菊艳:《岭南同学 桃李芬芳》,载《羊城晚报》2007年11月4日,第2版。

图 4-19　岭南大学女学生持网球拍在宿舍楼前的集体照

图 4-20　岭南大学的女田径运动员

锻炼救国,提倡体育

图4-21　1927年,岭南大学的校内排球比赛,赛前师生合影

图4-22　1936年,岭南大学运动会上的女运动员

1934年,广州市举行女子排球比赛,《中华日报》的《新年特刊》专题报道了岭南大学女子排球队的比赛情况(图4-23),以及岭南大学女子排球队队员的合影(图4-24)。

图4-23 广州市女子排球赛中,岭南大学女子排球队的比赛实况

图4-24 岭南大学女子排球队在广州市女子排球比赛时的合影

岭南大学绝不只是将女子体育发展作为唯一关注点,更是希望将学校的女子体育作为突破口,带动中国女子体育的兴起与发展。

1919年5月24日《岭南青年报》的《幕火女儿》一文,报道了岭南大学女子中学与女子体育学校垒球比赛的情况。作者被岭南大学

锻炼救国，提倡体育

女子垒球队的体育精神所震撼，于是提出了组织"中华火女总会"的大胆想法，并希望通过向更多的岭南姊妹发出倡议，以吸引更多省内、国内的姊妹建立这样的组织。

之后，岭南大学更是一次次地突破自我。1929年10月21日《岭南青年》（周刊）的《中社对于四育之努力》一文（四育，即民国时期提倡的德育、智育、体育、群育——编者注），记载了中社建立女子体育组织的情况。该组织设有田径、排球、网球、垒球、乒乓球等项目，由余如风、陈佩月两位女士任负责委员，并派出多位体育能手（男社友）做指导。报道中写道："每当夕阳西下，恒见此辈巾帼英雄，决斗于运动场之中，大有打破岭南空前女子体育之势。"1930年3月24日《岭南青年》（周刊）的《大学生会举行春季绒球大比赛》一文，记载了大学生会举行春季绒球（网球）比赛的比赛规则等事项，其中提到了"男女混合双人比赛，为本校第一次之创举"。

1930年5月5日的《岭南青年》（周刊）第18卷第26期以"中社欢迎赴全国运动大会社友回粤联欢会"为题，介绍了联欢会的情况：

> 第四届全国运动大会在杭州召开，本校中社选手赴杭参加，多获优胜纪录：如司徒光之三级跳远第一，破全国纪录，梁景平之200米低栏第一，麦国珍400米跑第二，女子排球冠军陈佩月和司徒浣君等，均被邀选赴日本东京，参与第九届远东运动大会。
>
> 25号夕，该社社友，以赴杭社友，除赴远东者外，均已回粤，乃假座女学宿舍招待室，开会欢迎。庆闹情形，向所觐见，特志如下：
>
> 8时开会，赴会者六七十人、济济一堂，座位之塞，堪称极一时之盛。首由高剑峰君宣布开会理由，全场静穆。继乃请许宝照君布告此次大会情形。许君固足球健将，而又善谈者；当其布告之时，谈笑风生，态度翩俊，身衣全省体育协进会赠送之西

装,益显其矫健之气,实可使吾人冥想许君当日角逐大会球场中之英勇情形也。布告约历一小时,许君乃于掌声雷动中就其原座。布告经过,与报载者大略相同,兹不赘述,许君又以其旅行上海杭州等处获得之经验,向聚布告,俾作该社社友异日旅行该地之指南云。

　　许君布告即毕,乃开始茶会。斯时社友谈笑甚乐,彼此顿觉忘形。食品异常丰富,尤多沪杭著名土产,如皮蛋、藕粉、青豆等,均为赴杭社友所带回。并有西湖天竹名筷,分赠社友,每人均得一双。各社友以既快朵颐,复叨厚惠,咸感激愉快不置,而某君请食之,亦更得社友欢欣不少。十时许,乃尽欢而散。

　　岭南大学培养了许多优秀女子运动员,如参加远东运动会的中国排球运动员李翠秋、陈佩月等。1930年,岭南大学的陈佩月、司徒浣代表广东排球队参加第四届全国运动会①,图4-25即是她们的合影。随后,她们被选入中国女子排球队,参加了第九届远东运动会。

图4-25　陈佩月、司徒浣参加第四届全国运动会时的合影

---

　　① 《第四届全运会,岭南大学陈佩月、司徒浣参加排球比赛》,《图画时报》1930年第648期,第3页。

第五章　雄踞南国，名扬海外

岭南大学的群众体育基础雄厚，竞技水平突出，体育明星荟萃。在广东省运动会、全国运动会、远东运动会、1936年柏林奥运会上，都活跃着岭南大学运动员的身影。岭南大学的教练萧殿廉在《优胜世袭——雄视一方的岭南体育》一文中指出："由1906年第一届到1947年的第十五届全省运动会，团体冠军均由岭南健儿夺得，粤人以'优胜世袭'美誉称之。"[①]

岭南大学的许多体育精英入选过国家队参加国际比赛：

第二至四届远东运动会的中国足球队队长，被誉为中国第一代"远东球王"的唐福翔；

远东运动会三大球队队长：唐福翔、黄仁让、郭琳爽；

体育全才、抗日将领、前中国台北奥委会副主席、国际奥委会委员徐亨；

国家棒球队队长、香港美心集团主席伍舜德；

参加1936年柏林奥运会跳远比赛的司徒光。

第一节　广东省运动会

《广东省志·体育志》记载，新中国成立前，广东省运动会从1906年开始到1947年，一共举行了15次。清末举行的前四次广东

---

① 李瑞明编：《岭南大学》，（香港）岭南（大学）筹募发展委员会1997年版。

省运动会，场地、规则等都还不完善，常常处于一片混乱之中，1912年之后，广东省运动会才逐渐步入正轨。

1906年1月10日举办的广东省第一次运动会由广东省学务处主办，在东较场举行，大会名称为"广东省大运动会"，学务公所所长姚百怀任会长，广州市区的岭南学堂、南武公学、随宦学堂等17所学校派出学生参赛。

广东省第一次运动会的项目设置极为简单，主要是田径项目，且不设女子项目。时值隆冬，运动员均穿唐装衫裤，裤长而阔，形如喇叭，多用布带或袜带扎紧裤脚，脚穿布鞋；甚至还有赤足参加跑跳、竞走者。学生们留着辫子，参加比赛时，就把辫子盘在头上。当时，没留辫子的人会受到轻视或嘲笑，甚至被怀疑是革命党人。所以，任跳类评判的随宦学堂某张姓老师，被在场学生发觉剪了辫子时，便受到指摘，引起在场运动员及场外观众的大哗起哄，以致秩序大乱。此时，跑道上又出现终点评判错判名次，引发学生抗议。随后，各校相继离场，运动会草草结束。比赛结果：岭南学堂得团体总分第一名，获得绣有双龙戏珠图案的奖旗一面。①

1917年的广东省第六次运动会是中华民国成立后的第二次省运动会，其项目设置已经逐渐多样化，不仅有跑跳项目，更有足球、排球、体操、武术、自行车、赛马等项目。1919年的广东省第七次运动会与第六次的规模、项目设置基本相同。在这两次运动会上，岭南大学均获得团体冠军②。

《岭南》1917年第2卷第4期以"广东第六次运动会本校成绩表"为题，介绍了岭南大学运动员参加广东省运动会的成绩，许多人都是同时期参加远东运动会的好手，如郭琳爽、邝炳舜、邓祖荫、廖崇真等。成绩如下：

---

① 广东省地方史志编纂委员会编：《广东省志·体育志》，广东人民出版社2001年版，第642页。

② 广东省地方史志编纂委员会编：《广东省志·体育志》，广东人民出版社2001年版，第643页。

雄踞南国，名扬海外

100 码跑，甲队第三名郭仲棠，乙队第一名邝炳舜。

220 码跑，乙队第一名邝炳舜。

440 码跑，甲队第二名邓祖荫。

半英里跑，不分队，第一名廖崇真，第三名郭世焯。

一英里跑，不分队，第二名廖崇真，第三名廖作新。

220 码低栏，甲队第二名江耀章，第三名张亦超，乙队第二名李文锡。

220 码高栏，甲队第二名张亦超，乙队第一名李文锡，第三名杜树材。

半英里替换跑，甲队第二名邓祖荫、罗剑泉、黄伯琴、郭仲棠，乙队第一名周炳钧、邝炳舜、黄其广、黄安福，丙队第一名周兆詹、李焕才、邝森机、刘增。

一英里替换跑，甲队第一名邓祖荫、郭仲棠，乙队第一名邝炳舜、周炳钧、杜树材，丙队第一名周兆詹、李焕才。

撑竿跳高，甲队第一名张亦超，乙队第二名邝炳舜，丙队第二名李焕才。

跳远，甲队第一名郭仲棠，第二名石汝璋，第三名张香生，丙队第一名周兆詹。

跳高，乙队第一名伍大强，丙队第二名李焕才。

铅球，甲队第一名郭琳爽，第二名黄永耀，第三名廖崇真，乙队第一名关耀棠。

铁饼，甲队第二名郭琳爽，乙队第三名邝炳舜，丙队第三名周兆詹。

1921 年的广东省第八次运动会，由孙中山大总统任名誉会长，参赛单位、参赛人数等都创下了历史新高。不仅如此，广东省第八次运动会设有团体项目、竞技运动项目和表演项目，比往次的项目分类更加科学与齐全。在这次运动会上，岭南大学不仅获得团体最优奖，更获得篮球冠军（图 5-1），岭南大学学生梅熙甫获得全场个人最优

· 121 ·

第三名①。

图5-1 岭南大学获得广东省第八次运动会足球亚军、
篮球冠军后的运动员合影②

岭南大学的男子体育在广东地区可谓雄霸一方，在1926年的广东省第十次运动会（图5-2、图5-3）、1933年的广东省第十二次运动会以及1935年的广东省第十三次运动会上，岭南大学都获得了男子团体的第一名、优胜奖。尤其是在广东省第十二次运动会上，岭南大学的男子团体获得了篮球、垒球、全能三项的锦标。③

---

① 广东省地方史志编纂委员会编：《广东省志·体育志》，广东人民出版社2001年版，第643页。
② 黄菊艳主编：《近代广东教育与岭南大学》，（香港）商务印书馆1995年版，第154页。
③ 广东省地方史志编纂委员会编：《广东省志·体育志》，广东人民出版社2001年版，第644页。

雄踞南国，名扬海外 第五章

图5-2　1926年广东省第十次运动会，岭南大学
刘伟林获得十项全能冠军

图5-3　岭南大学获得广东省第十次运动会足球冠军后的运动员合影①

---

① 黄菊艳主编：《近代广东教育与岭南大学》，（香港）商务印书馆1995年版，第154页。

在 1928 年的广东省第十一次运动会上，岭南大学更是越战越勇，包揽多个项目的奖品，真可谓是"岭南狮子"。图 5-4 为 200 米低栏冠军、岭南大学学生运动员李福申，图 5-5 为获得男子 400 米接力赛冠军的岭南大学运动员。

图 5-4　广东省第十一次运动会 200 米低栏冠军李福申①

图 5-5　广东省第十一次运动会 400 米接力跑冠军②

---

① 图片来源于《珠江》1928 年第 30 期，第 6 页。
② 图片来源于中山大学档案馆。

雄踞南国，名扬海外

岭南大学不仅在男子项目上是佼佼者，女子体育项目也不甘落后。1947年的广东省第十五次运动会中，岭南大学以七项锦标荣登锦标榜的榜首，其中三项为女子所获得，分别为女子甲组径赛、女子甲组田赛以及女子甲组篮球。①

简又文在其著作《岭南校史》中，曾记述一件趣闻：在一次广东省运动会上，岭南学生首次穿钉底鞋参加赛跑，几乎夺走了所有赛跑项目的金牌。当时社会人士及学界"少见多怪，哗然惊骇，讥骂备至，指责岭南学生'奸赖''毒辣'，特制钉鞋以践踏同赛者之脚。故得场场获胜"。但到下一次运动会上，几乎各校参加赛跑的运动员都穿上了钉鞋。②

图5-6是岭南大学在惺亭举办的25周年校庆运动会奖杯展。1929年11月23日《岭南青年》（周刊）的《体育奖品展览》一文，记载了这一盛举：

  自1905年（阴历——编者注）广东省第一次全省运动会我校全场冠军后，全场优胜之衔，几为我校所世袭。所得奖品不胜枚举，兹25周年纪念筹备会特定在惺亭陈列，以表扬我校之体育精神，并记历年岭南健儿之战功。

---

① 广东省地方史志编纂委员会编：《广东省志·体育志》，广东人民出版社2001年版，第646页。
② 何晓夏、史静寰：《教会学校与中国教育近代化》，广东教育出版社1996年版，第335页。

图5-6 岭南大学在惺亭举办的25周年校庆运动会奖杯展①

第二节 全国运动会（民国时期）

新中国成立前，全国运动会（以下简称"全运会"）从1910年到1948年间，共举办过7届。其中，1910年在南京举办的"全国学校区分队第一次体育同盟会"被追认为第一届全运会。在这届全运会上，广东与香港合组华南队，岭南大学派出了多名运动员代表华南队参加比赛。

1930年在杭州举办的第四届全国运动会，也是中华民国国民政

---

① 陈国钦、袁征：《瞬逝的辉煌：岭南大学六十四年》，广东人民出版社2008年版，第86页。

府举办的第一届全运会,还首次增加了女子项目,岭南大学的陈佩月、司徒浣两位女士有幸被选入女子排球队,代表广东省参加比赛。男子排球队的队员则从当时垄断广东体育运动的几所大学中选出,徐亨、黄鼎芬代表岭南大学被选入广东省男子排球队,同其他队友一起,共同为广东省夺得男子排球比赛的冠军。①

岭南大学有24名运动员参加了第四届全运会(图5-7)。其中,有获得三级跳远冠军并打破了该项目全国纪录的司徒光,获得200米低栏冠军的梁景平(图5-8),获得400米亚军的麦国珍(图5-9)。② 赛后,司徒光、徐亨、陈光耀、伍舜德四人代表中国参加了在菲律宾马尼拉举办的第十届远东运动会。

(後排)唐福祥 龍學蕃 —— 徐 亨 陳耀熾 劉雲樵 劉雲川 司徒光 劉燈
(中排)黃鼎勳 黃志祥 麥國珍 陳佩月 司徒浣 馬熾燻 梁景平 陳光耀
(前排)黃樹邦 劉青和 區宏恩 古威廉 伍舜德 高為鐵 許寶照 胡錫康

图5-7 1930年第四届全国运动会,24名岭南选手合影③

---

① 《广州文史》,www.gzzxws.gov.cn/gzws/cg/cgml/cg7/200808/t20080826_4540_1.htm。
② 《中社消息》,载《岭南青年》(周刊)1930年4月28日。
③ 李瑞明编:《岭南大学》,(香港)岭南(大学)筹募发展委员会1997年版,第258页。

图 5-8 低栏冠军
梁景平①

图 5-9 400 米亚军
麦国珍②

图 5-10 是第四届全国运动会三级跳远项目前四名的合影，图 5-11 是第四届全国运动会 400 米跑项目前四名的合影。

图 5-10 第四届全国运动会三级跳远项目前四名合影
从右到左分别为：郝春德、司徒光、钟连基、赵汝功③

---

① 图片来源于《全国运动会图画专刊》1930 年第 4 期，第 43 页。
② 图片来源于《学校生活》1930 年第 7 期，第 31 页。
③ 图片来源于《全国运动会图画专刊》1930 年第 4 期，第 43 页。

雄踞南国，名扬海外 第五章

图 5-11　第四届全国运动会 400 米跑项目前四名合影，从左到右分别为：刘长春（辽）、麦国珍（粤）、王健吾（沪）、朱瑞洪（沪）①

在此后的各届全国运动会上，岭南体育家们更是努力拼搏，为广东队取得了多项优异成绩，例如，以岭南大学学生为主力组成的广东省男子棒球队，就在第五届全国运动会上夺得了冠军。②

1933 年，第五届全国运动会在南京举行，《私立岭南大学校报》1933 年第 6 卷第 2 期以"本校出席全国运动大会提名"为题，介绍了岭南大学推荐的 23 名运动员：

黄鼎芬	李可燊	伍舜德	林金友	余伯惠	毛连贵
萧殿廉	黄宏恩	郭琳爽	陈观洁	陈耀炽	庐观怡
高汉恩	李焯堃	区允庄	郭惠堂	陈光民	方倾培
司徒潘	陈锦渭	曾广熠	郭泽民	刘　建	

在第五届全国运动会上，司徒光以三级跳远 14.19 米的成绩获得第一名，并打破全国纪录。《全国运动会图画专刊》1933 年第 2 期对此进行了报道（图 5-12）。

---

① 图片来源于《学校生活》1930 年第 7 期，第 25 页。
② 广州市体育运动委员会编：《广州体育志》，广州市体育运动委员会 1995 年印，第 73 页。

· 129 ·

图 5-12　司徒光参加第五届全国运动会留影

岭南大学作为华南地区雄踞一方的体育雄狮，为广东体育增光添彩。1933 年，岭南大学三大球（排球、足球、篮球）球队远征南洋，参加友谊赛，成员中就有岭南大学的著名学生运动员徐亨、伍舜德、萧殿廉、郭琳爽（图 5-13）①。

图 5-13　1933 年，岭南大学三大球球队远征南洋留影

---

①　李瑞明编：《岭南大学》，（香港）岭南（大学）筹募发展委员会 1997 年版，第 257 页。

雄踞南国，名扬海外　第五章

第三节　远东运动会

远东运动会，原名"远东奥林匹克运动会"，是 20 世纪初由菲律宾、中国、日本发起和参加的一项地区性国际比赛，最后两届赛事先后有印度、荷属东印度（即印度尼西亚，1945 年独立）和越南参加。1913—1934 年，分别在菲律宾、中国、日本三国举办了十届远东运动会。远东运动会于 1920 年被国际奥委会正式承认。由于当时亚洲的运动水平普遍很低，因此，远东运动会就代表了整个亚洲的运动水平，被看作亚运会的前身。1934 年，由于日本坚持把伪"满洲国"拉入远东运动会，中国提出抗议并宣布退出远东运动会，远东体育协会随即宣告解体，远东运动会亦随之停办。

在远东运动会上，中国足球队获得了 9 次冠军，排球队获得了 5 次冠军，篮球队获得了 7 次亚军。每届远东运动会，岭南大学都派出运动员参赛，并代表中国获得了优异的成绩，尤其是在球类运动上，真可谓名扬四海。例如，第四届远东运动会，岭南大学就派出了 16 名学生运动员参赛（图 5 - 14）。

图 5 - 14　1919 年第四届远东运动会，岭南大学的 16 名选手合影①

---

①　黄菊艳主编：《近代广东教育与岭南大学》，（香港）商务印书馆 1995 年版，第 156 页。

1919年4月27日《岭南青年报》的《代表中国之本校英雄》一文，介绍了岭南大学选拔运动员参加远东运动会的情况：

远东第四次运动会将于5月12日至18日举行于小吕宋。南中国体育会已决定选派手球一队，篮球队一队，田径走家若干员，游泳健儿若干名，为此次代表中国赴远东运动会之健儿，计本校体育家被选者如下：

（甲）篮球队全队。本校篮球队，前在运动会得胜，获奖银杯一大座，在场观众者莫不赞本校球队波法之精妙，后复屡胜美国水兵篮球队，更为中外人士所钦服。因此，南中国体育会职员遂决意派本校篮球队代表中国前往远东运动会。唯到菲律宾时，须先与天津北中国篮球队比赛以定优劣。本校篮球队队员如下：黄仁让，邓祖荫，周秉钧，廖崇真，韦泽生，邝森持。

（乙）手球队选手。本校手球队，历在广州排球联赛获胜，此次南中国体育会选派手球一队代表中国。队长郭琳爽君，本校大学二年班生也。前次第三次远东运动会，中国手球队战胜而归，亦郭君为队长。计本校队之被选派者如下：郭琳爽，邓祖荫，黄仁让，林永熙，江耀彭。

（丙）田径走家。本校走家在第七次运动会为本校夺得锦标归，此固本校同学所乐道而不衰者也。吾意各同学脑中，当尚未忘甲队成绩最优之张香生君。今次南中国体育会在本校选考高低栏之走家，张君高栏之成绩，亦及前次远东运动会第一名。计时只十七秒又三分之一；低栏之成绩，亦也及前次远东运动会第一名，计时只二十八秒半耳。又顷接廖精神君在港来函，谓在港考验四百四十码。冯肇昌之成绩，五十四秒又五分之二，廖精神均值成绩为五十五秒二。二君此次之成绩，均及或过前次远东运动会之成绩者，故二君或有希望代表中国。

（丁）游泳健儿。杨锡章君，每次本校与别校比赛体育时，手持红灰旗，领众欢呼与助威者，即此君也。杨君也为本校游泳队长，也常胜军之首领也。今次以二十六秒半之五十码游泳，及九秒半之二十码游泳,被选为第四次远东运动会游泳队员。

上述本校之体育英雄将于28号离校赴港,与港中同仁选手练习,5月2号,放洋并往菲律宾。本会深以为各同学之能为吾国吾校出力,以争光荣也,特拟于28号早开欢送会以预祝我体育英雄之成功。情形如何,容后续报。

1930年第2卷第10期的《私立岭南大学校报》刊登了《本校参加远东运动会之人物》一文,介绍了参加第九届远东运动会的岭南大学运动员:

出席人物:
中华足球队训练:唐福祥君
中华足球队队长:陈光耀君
排球队员:徐亨君
候补队员:黄鼎芬君
田径队员:
三级跳远:司徒光君
400、800及1600米接续:麦国珍君
低栏:梁景平君
五项:黄鼎芬君

尚有排球队长曹廷赞君,队员李福申君,曹李两君均属本校旧同学。

5月11日晚,全国体育协进会举行欢送中华选手大宴会,除选手外,到会者尚有中西名流百余人,最后由前浙江省屈文六选手行受旗礼,即席推举出席远东运动会五次资格最高之陈光耀君(本校同学、本届足球队长)接旗,当由陈君肃立旗前,经过屈先生最郑重之致词,然后受旗而退,全场欢呼乃告散会。

岭南大学的排球运动员是远东运动会上的常客,自1915年第二届远东运动会开始,每届远东运动会上都有岭南大学排球运动员的身

· 133 ·

影。其中，郭琳爽连任多年中国排球队队长，黄仁让是1921年第五届远东运动会的中国排球队队长，罗南科是1927年第八届远东运动会的中国排球队队长。

岭南大学的排球项目不光男子运动员突出，女子运动员同样出类拔萃。远东运动会自第六届开始设置女子排球表演项目，岭南大学的李翠秋、陈佩月、余如凤三位女子排球运动员，分别同其他运动员一起代表中国队出征远东运动会，① 为中国女子排球队获得了荣誉，这无论是在岭南体育史上，还是在近代中国女子体育史上，都是值得书写的一笔。

图5-15是参加1930年第九届远东运动会的中国男子排球队合影，其中，前排中间为徐亨。在这届远东运动会上，排球教练刘权达，男子排球队的曹廷赞（队长）、徐亨、李福申，女子排球队的陈佩月、黄鼎芬，都来自岭南大学。

图5-15　第九届远东运动会中国男子排球队合影，前中为徐亨

---

① 广州市体育运动委员会编：《广州体育志》，广州市体育运动委员会1995年印，第49页。

雄踞南国，名扬海外

《中国大观图画年鉴》刊载了第八届远东运动会中国排球队与菲律宾排球队比赛的图片①，其中介绍了中国排球名将、中国排球队队长曹廷赞（图5-16）。

图5-16　第八届远东运动会中国排球队对战与菲律宾，
下排中部为中国排球名将曹廷赞

曹廷赞，广州人，曾在广州培英学校就读，1925—1934年，参加了第七至十届远东运动会，并担任国家排球队队长一职。其中，1925年，曹廷赞以培英学校排球运动员的身份参加第七届远东运动会；1927年，以岭南大学排球队队长的身份参加第八届远东运动会；1930年，以复旦大学排球队队长的身份参加第九届远东运动会。曹廷赞被誉为"飞将军"，报纸说其网前跳水平极高，能在空中停留许久。曹廷

---

① 《中国大观图画年鉴》，上海良友印务公司1930年版，第263页。

· 135 ·

赞臂力过人，杀球急如飞镖，且奔驰敏捷，又精于挡球，即使敌方猛烈扣球，也能万无一失地拦截。除了球艺出神入化、攻守兼备，他的球风甚好，为人和蔼可亲，与队友关系融洽，是排球队的灵魂。

不仅是排球项目，篮球与足球项目的队长也是岭南大学的学生运动员。第一届远东运动会上，唐福祥是足球队的主力队员；从第二届远东运动会开始，唐福祥更是作为足球队队长，带领中国队夺得多届远东运动会的足球冠军。图5-17就是唐福祥带领中国男子足球队夺得第四届远东运动会足球冠军后的留影，其中，居中抱球者是队长唐福祥，前锋关健安也是岭南大学的学生运动员。

图5-17　中国男子足球队获得第四届远东运动会足球冠军后的留影①

---

① 籴超疯：《论中国足球的第一根"救命稻草"》，杂谈轶事，https://www.a-site.cn/article/259373.html，2016年5月25日。

雄踞南国，名扬海外

参加完第四届远东运动会后，唐福祥决定赴美留学。留学回国后，唐福祥在岭南大学青年会工作，指导岭南大学以及中国的足球发展。从1927年的第八届远东运动会起，唐福祥就担任了中国足球队的指导（教练）。

图5-18是参加1930年第九届远东运动会的中国男子足球队合影。领队马约翰（二排右一），队长李惠堂。其中，唐福祥（二排左一）担任主教练，前锋陈光耀（一排左一）来自岭南大学。

图5-18　1930年第九届远东运动会中国足球队留影①

图5-19是参加1934年第十届远东运动会的中国足球队合影，其中，守门员黄纪良来自中山大学，徐亨来自岭南大学。

---

① 粿超疯：《论中国足球的第一根"救命稻草"》，杂谈轶事，https://www.a-site.cn/article/259373.html，2016年5月25日。

1934年

领队：黄家骏
守门员：黄纪良、徐亨
后卫：李天生、刘茂、李甫
中场：梁荣照、黄美顺、李国威、何佐贤、陈镇祥
前锋：谭江柏、冯景祥、郑季良、叶北华、曹桂成、陈家球、李惠堂（队长）

图5-19　1934年第十届远东运动会中国足球队合影①

1930年第2卷第9期的《中国学生》以"岭南大学的体育生活"为题，介绍了岭南大学的体育，其中，"第八，到远东去！"一节说明了岭南大学体育对中国体育的影响：

> 最近全国运动大会中（1930年第四届全运会），夺田径赛锦标之广东选手20余人之中，岭南同学占了一半数，而且各有其惊人的成绩，如全能运动中之黄鼎芬。至于球类选手之奇才出众者如马炽熏、黄吉祥、陈光耀、徐亨、陈佩月、司徒浣等。
>
> 其他的出席全运会之球类队员不下17人，各有其贡献，——以上所提及的都是现在留校的岭南同学。至于旧同学最近列席全运会及远东会的很多很多。其著名者如：曹廷赞、曾经全、李福申——中国排球队之柱石、远运会之中国队总教练兼总干事长容启兆，中国队副总教练莫应柱、中国足球队教练唐福

---

① 羿超疯：《论中国足球的第一根"救命稻草"》，杂谈轶事，https://www.a-site.cn/article/259373.html，2016年5月25日。

祥、中国队医生关健安等。

这样看来，岭南同学在中国体育界的位置似乎是不能忽略的事情了。

根据《广州体育志》《广东省志·体育志》《广州文史》等资料汇总，参加历届远东运动会三大球项目的岭南大学学生运动员名单如表5-1所示。当然，表格中的部分学生运动员并非一直都在岭南大学学习，但只要曾经在岭南大学学习过，都被列入名单。同时，名单难免有所遗漏。

表5-1　参加历届远东运动会三大球项目的岭南大学学生运动员名单

届　　数	运动员名单
1913年第一届	足球：唐福祥
1915年第二届	足球：唐福祥（队长） 排球：郭琳爽（队长）、廖崇恩、邝炳舜、苏彭年、马朝恩、周兆祯、黄仁让
1917年第三届	足球：唐福祥（队长） 排球：郭琳爽、邓祖荫、马朝恩、石汉章、江耀彰、施启芳、李锡恩
1919年第四届	足球：唐福祥（队长） 排球：黄仁让、郭琳爽（队长）、林永熙、江耀彰
1921年第五届	排球：黄仁让（队长）、伍荣大、李郁培、曾恩涛、郭琳爽、吴求哲 足球：陈光耀
1923年第六届	排球：黄仁让（队长）、曾恩涛、刘权达 足球：陈光耀

（续上表）

届　数	运动员名单
1925年第七届	排球：黄仁让、曹廷赞（队长）、罗南科、刘权达、吴求哲、林权胜 女子排球：李翠秾 足球：陈光耀
1927年第八届	排球：梁质君、罗南科、曹廷赞（队长）、黄昆仑 足球：陈光耀、唐福祥（足球指导） 女子排球：李翠秾，刘权达（教练）
1930年第九届	排球：曹廷赞（队长）、徐亨、李福申，刘权达（教练） 足球：陈光耀、徐亨，唐福祥（教练）、关健安（队医） 女子排球：陈佩月
1934年第十届	棒球：余伯惠、伍舜德、程观杰、高汉恩等 足球：徐亨 排球：曹廷赞（队长）、徐亨

　　岭南大学的学生运动员们不仅仅是单个项目的个中好手，更是擅长多个项目的全能运动员。例如，第四届远东运动会的中国篮球队队长黄仁让，在第五届远东运动会中，以排球队队长的身份出赛，是岭南大学有名的排球实力选手。国际奥林匹克委员会委员、中国台湾红十字会会长徐亨（图5-20），在1930年的第九届远东运动会以及1934年的第十届远东运动会上，不仅参加了排球项目的比赛，还参加了足球项目的比赛；在省级比赛中，徐亨还一举夺得了足球、篮球、排球、游泳四项目第一，是一名全能运动选手。[①]

---

① 《岭南记忆》编委会：《岭南记忆》，中山大学出版社2015年版，第34页。

雄踞南国，名扬海外 | 第五章

图 5-20　徐亨 1935 年留影①

在现代综合运动会上，田径和游泳是必不可少的两个大项。自第一届远东运动会开始，其项目设置就包括了田径与游泳，岭南大学更是派出多名田径、游泳运动员参加比赛。根据《广州体育志》《广东省志·体育志》《广州文史》等资料汇总，岭南大学参加历届远东运动会的田径、游泳项目比赛的运动员名单如表 5-2 所示。当然，名单难免有所遗漏。

---

① 图片来源于《足球世界》1935 年第 1 期，第 1 页。

表 5-2　岭南大学参加历届远东运动会田径、游泳项目的运动员名单

届　数	运动员名单
1917 年第三届	田径：郭仲棠、廖崇真
1919 年第四届	游泳：杨锡章
1925 年第七届	田径：梁无恙
1927 年第八届	田径：梁无恙、司徒光
1930 年第九届	田径：梁景平、司徒光、麦国珍
1934 年第十届	田径：司徒光

图 5-21 是参加 1930 年第九届远东运动会的部分岭南大学运动员的合影。在这次于日本东京举办的远东运动会上，岭南大学的司徒光夺得三级跳远第四名的好成绩，为中国队取得了宝贵且唯一的 1 分①，获爱国华侨所赠"为国争光"大奖杯。1930 年 6 月 18 日的《第九届远东运动会特刊》特地报道了此事（图 5-22）。1934 年第 7 期《大众画报》报道了司徒光参加第十届远东运动会的情况（图 5-23）。

图 5-21　参加第九届远东运动会的岭南大学部分运动员合影②

---

①　广州市体育运动委员会编：《广州体育志》，广州市体育运动委员会 1995 年印，第 49 页。

②　图片来源于《中国学生》1930 年第 2 卷第 9 期，第 20 页。

雄踞南国，名扬海外

图 5-22 《第九届远东运动会特刊》报道了司徒光为国争光的事迹

图5-23 1934年第7期《大众画报》报道第十届远东运动会，五排左一为司徒光

雄踞南国，名扬海外

第四节　1936年柏林奥运会

参加奥运会一直都是运动员的最大理想，民国时期亦是如此。加之民国时期特殊的社会背景，代表中国登上奥运会舞台的运动员们，不仅肩负着"更快更高更强"的奥林匹克精神，更是在展示中国人的精神面貌。

据《广东省志·体育志》记载，1936年柏林奥运会上，中国派出了69名运动员（包括女运动员2名），参加了田径、游泳、举重、拳击、自行车、篮球和足球六个大项的比赛。在这69名运动员中，广东籍运动员占28位。[①] 这28名运动员见识到了外国人对中国的各种各样的态度，或是嘲笑，或是震惊，在他们心中留下了深深的烙印。奥运会上的所见所闻，无疑是激励岭南大学学生运动员回国后不断努力的动力。其中，作为岭南大学参加奥运会第一人的司徒光，为岭南大学的体育史留下了辉煌的一笔。

参加柏林奥运会的"广东高校三杰"中，司徒光来自岭南大学，参加田径大项中的跳远和三级跳远两个项目；黄英杰来自中山大学，参加田径大项中的跨栏项目；黄纪良来自中山大学，是中国足球队的守门员。可惜的是，司徒光、黄英杰因为长途奔波劳累，参加跳远项目预赛并没有达到晋级标准，最终没能进入复赛[②]。

据参加1936年柏林奥运会的选手郭洁老人回忆，在前往德国参赛前，郭洁和所有参赛选手在南京接受了蒋介石的训话教导：

>　　蒋介石匆匆而来，他说的话我依然记得真切：你们是中国

[①] 广东省地方史志编纂委员会编：《广东省志·体育志》，广东人民出版社2001年版，第810页。

[②] 广州市体育运动委员会编：《广州体育志》，广州市体育运动委员会1995年印，第49页。

人，出门代表的是中国，第一你们不要打架，第二你们要体现出中国人的气度来，不要叫别人笑话。三言两语说完，蒋介石和宋美龄就离开了。①

图 5－24 为中国体育代表团抵达柏林时，柏林码头、街道上欢迎中国体育代表团的景象，1936 年第 45 期的《中华》予以报道。

图 5－24　1936 年，中国体育代表团到达柏林时的码头、街头场景

1936 年 9 月 6 日的《世界运动大会图画·特刊》刊登了《中华代表团全体团员名单》（图 5－25）。

中華代表團全體團員名單

足球代表隊
包家平　黃紀良　李天生　譚江柏　麥紹漢
蔡文禮　黃美順　徐亞輝　陳鎮和　李國威
梁榮照　梁樹棠　鄭季良　楊水益　李惠堂
卓石金　馮景祥　張顯源　孫錦順　葉北華
曹桂成　賈幼良

籃球代表隊
王玉增　王南珍　牟作雲　王鴻斌　李紹唐
劉寶章　沈聿恭　劉寶成　馮念華　蔡演雄
王士選　尹貴仁　于敬孝　徐兆熊

田徑代表隊
傅金城　賈連仁　吳必顯　陳寶球　王士林
黃英傑　劉長春　臧淑圖　李森(女)程金冠
王正林　林紹洲　冷培根　郭潔　符保盧
周長星　蔡正義　周余愚　司徒光　張家夔
郝春德　張遺九　鄭成山

游泳代表隊
陳振興　楊秀瓊(女)

自由車代表隊
何浩華

拳鬥代表隊

國術表演隊
李少華　王潤蘭　靳貴第　靳桂
張文廣　溫敬銘　鄭懷賢　金石生　張爾鼎
寇運興　翟漣源(女)傅淑雲(女)劉玉華(女)

代表團職員表
總領隊：王正廷
總幹事：沈嗣良
代表：郝更生　沈嗣良　陳時
幹事：馬家騏　施肇康　助理：余衡之
德國顧問：Frad (ordt
駐德代表：黃維立　助理：余如海
翻譯員：黃元楷　梅馥香(女)
駐德留學生：施正信
助練員：舒鴻　陸翔千　江良規
總教練：馬約翰
足球隊：主任容啓兆　教練顧成坤　管理黃家駿
籃球隊：教練董守義　管理李瀞安
田徑隊：教練馬約翰　管理宋君復　助理沈昆南
舉重隊：管理梁良
國術隊：管理郝銘　助理顧舜華

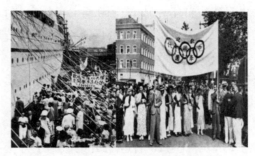

图 5－25　《世界运动大会图画·特刊》刊登的代表团名单

① 朱轶：《蒋介石寄语 1936 年奥运选手：不要打架》，《澎湃新闻》2015 年 11 月 17 日。

《良友》杂志也对参加柏林奥运会的选手进行了介绍,在 1936 年第 117 期的《中华劲旅点将录》专栏(图 5-26)中,三排右二为司徒光(岭南大学),二排左一为黄英杰(中山大学)。

图 5-26 《良友》杂志对参加柏林奥运会的选手的介绍

第六章 思想渊源，精神动力

第一节 教会文化，重视体育

美国教会组织以基督教新教入华传教为切入点，将美式教育从实践到思想逐步引入中国。其中，作为现代教育内在组成部分的体育亦随之传入中国，并伴随美国教会学校的发展而获得移植与实施，取得了令人瞩目的成绩，为完善中国近代体育与教育的发展作出了巨大贡献。[①] 教会大学的体育教育对中国近代体育进行了思想启蒙，促进了体育理论研究，引领和示范了中国国立和私立大学的体育教育，历史贡献不容忽视；同时，印证了体育在强健学生体魄、完善学生人格、提升学生综合素质等方面有不可替代的作用，其精神财富将继续为新时期的大学体育文化建设提供借鉴和启示。[②]

教会大学来中国的初衷是传播基督福音、西方文明及其价值观，在试图同化中国人民的同时，客观上也传播了西方先进的教育、科技、文化和体育。欧洲文艺复兴运动以后，基督教开始提倡体育，《新约全书》中说："应为虔敬的生活而锻炼自己。身体的锻炼是有益的……"[③]

岭南大学的建校是按照基督教教会"本诸基督精神设施最高标

[①] 马廉祯、耿之矗：《近代美国教会学校与中国体育》，《暨南史学》2009 年第 6 辑。
[②] 王秀强、孙麒麟：《近代中国教会大学体育文化的传承研究》，《山东体育学院学报》2016 年第 5 期。
[③] 《圣经·新约全集》，天主教上海教区光启社 1998 年版。

准的教育"为办学理念,希冀"以最新的学识,最正的道德,栽培中国青年,使之出可以为国家社会健全的人民,入可为家庭善良的子弟"①。每逢基督教节日,岭南大学的外籍教师就会开展相应的节日活动(图6-1)。

图6-1 岭南大学的外籍教师进行"圣诞宴"活动②

岭南大学在岭南学堂时期就开展了近代体育项目,皆按照美国学校的标准设立。岭南大学深受基督教中的体育思想的影响,在学校的体育教育活动中,培养了现代体育的"平等""公平竞争""团队""胜不骄败不馁"等精神。

一、"平等""公平竞争"的体育精神

岭南大学的体育氛围浓厚,不仅仅是指学校对于优秀运动员的重

---

① 陈国钦、袁征:《瞬逝的辉煌:岭南大学六十四年》,广东人民出版社2008年版。
② 黄菊艳主编:《近代广东教育与岭南大学》,(香港)商务印书馆1995年版,第115页。

视,更是指全校师生积极参与体育运动的氛围。体育自产生开始,就应该是普及的,但是由于体育的竞技性,加之某些特殊的时代环境,体育的全民性往往会被竞技性所掩盖。民国时期,一些教会学校为了在中国占有一席之地,大力提倡体育活动,发展竞技体育,希望可以争得更多的名誉。同样,一些本土学校也为了"面子",大力发展竞技体育,最终就形成了民国时期学校竞技体育的一大鲜明特点——"锦标主义"。但是作为教会大学的岭南大学,却是以人为本,杜绝锦标主义。尤其是校内的体育活动,岭南大学希望更多的学生可以参与进来,而并非只是那些优秀的体育家们。

1925年,岭南大学举行绒球(网球)单人比赛。11月8日,《南大青年》特意发表《绒球单人比赛》一文,通告全校:

> 大学体育部为引起大学同学对于体育的兴趣,将于12月开展绒球比赛,大学同学均可参加,但校队第一队员不加入比赛。

1926年2月28日《南大青年》发表的《岭南体育的真精神》一文中提到两点:

> 第一,岭南的体育是平等、普及发达的。因为体育不是贵族的娱乐品,更不是装点学校门面的东西,它本身最大的价值,就是练习、发达人们的体格,使可以胜任耐劳,做将来担负国家社会大任的准备。学校之所以注重体育,也因体育本身之有价值,想训练各个学生的道德、学问、身体、交际各方面平均发达,使实际上不至替国家社会造成一个各方面畸形发达的公民,失却教育真正的目的。
>
> 第二,岭南的运动家是受常应的待遇的。岭南大学的所有体育设施是公平开放给每一位学生的,每一位学生都公平地享有对体育场地、体育设施的使用权,也公平地享有体育教育的权利。在体育普及率极高的岭南大学,优秀的运动家们会获得其他学生更多的尊重,但在学校层面上,不管你的体育成绩有多好,也只

思想渊源，精神动力

是普普通通的学生，绝不会受到任何的优待，为的就是不让这些体育人才产生骄傲的心理、让不擅长体育的学生产生自卑的心理。

二、"真体育"精神

岭南大学经常有讲座阐述体育精神，对学生产生了正面的影响。例如，1917年10月25日《岭南青年报》的《论道会：真体育》一文，报道了聂士先生的演讲。该演讲到会161人，其中提到"真体育家"的三种特性：其一，尽力求胜而不以败为耻；其二，获胜而没有骄态；其三，不求个人荣誉，但求全校之荣誉……

1918年3月1日《岭南青年报》的《真体育英雄》一文中，提醒和批评了一些运动员妄自尊大、没有体育精神的现象：

> 本校今年体育发达，几于无往而弗利。学校名声传播遐迩。论功劳则舍我狮子小英雄，其谁与归。成功而骄，人之常情。然骄兵必败，此兵家不宜忘。我岭南常胜之军，屡得同学之称赞，许以小英雄之名。一般体育家，人人会尽力，以血肉搏得胜利，应受之无愧。但对人态度宜格外谦卑恭敬。与人和好，不宜妄自尊大、鄙屑他人。尤当勿以现在之技艺为满足，当精益求精，时时预备，以应再来之劲敌。此真正体育家之资格也。更有一言，不得不为诸体育英雄告者，即个人自己之品行，当格外注意。技能愈精者，愈当恪守本校法律，行为愈当谨慎。本校执法如山，本校学生益最注重道德品行。不好学生，断不能代表本校，不能代表本校全体学生。身怀绝技，欲为母校效力者，其慎旃。今日忽记忆某某等，本体育英雄，然品性骄傲、目无他人，且语言不逊，气质暴戾。又忆某某等，因犯校规，不能入场，乃至全军败北。

1919年2月21日《岭南青年报》的《体育演讲》一文，报道了葛理佩先生的演讲《运动家之真资格》，其中提到对运动家的几种

· 151 ·

要求：

> 一诚实，勿为"奸巧"之事，致失决斗之精神。二乐心，乐意决斗，不以胜败易趣。三勇敢，大敌当前，不畏艰险。明败于强敌，胜于遇弱敌。四合众，全队进攻，如臂指之相连属，而后有胜利之可言。

此后，很多岭南人在谈及体育时，都会提到"真体育"精神。"真体育"精神在每个岭南人的心目中都有着独特的见解，但大体上都是希望从体育中收获作为人的、重道德的优秀品行。

三、体育精神——教师引导不曾缺失

岭南大学的学生体育会活动，不仅有学校报纸的影响，也有教师参与其中，以顾问的身份，讲述体育的教育价值和精神含义，引导学生的体育目标。

1928年10月14日《南大青年》的《鸿社消息》一文，记述了岭南大学鸿社慰劳本社学生获得校运会优胜的开会情况，包括先生致辞、茶点、唱校歌等：

> 鸿社社友共有二十三位之多，参加此次校运动会只有九人，所得成绩有一百二十多分，实为岭南之罕见。闻该社已有稳得全场冠军的希望。
>
> 本月八号，该社社友以己社连日成绩卓著及慰劳运动员起见，特于是晚八时开慰劳大会于招待室，九个运动员均常装赴宴。鸣炮开会后，先由顾问杨重光先生致辞，谈及该社体育事情，倍极赞许；次白序之先生讲"团体的要素"、梁无恙先生的体育谈，均深有勉励之意。演讲毕，继以茶点。由之先生，高唱校歌，一千岭南人，最后三呼"鸿社万岁"，声震云霄，途间合唱 Will Shine to Night 之曲。闻该社人言本月三号晚惜无"誓师会"，不然，誓师会、慰劳会前后相应，当更加高兴云。

思想渊源，精神动力

1928年10月20日《南大青年》的《昭社消息》一文，介绍了昭社在校运会成绩不佳，开慰劳会鼓励学生的情况：

> 此次全校运动大会，昭社虽未能夺得冠军锦标，然所得成绩亦不示弱。如黄鼎芬君之十项运动掷铁饼，及丙队健儿郭兴君之三级跳远，博得观众之称许，而尤以陈耀炽君之三级跳远，能令旁观者咋舌云。又闻该社各项运动人才，尤以游泳一类人才为最多，惜乎此次全校运动大会无此项比赛，深为惋惜云。
>
> 昭社职员有见及此，爰于十月十三日下午八时假马应彪招待室开慰劳会，邀请社友赴会，一则以慰运动员之劳，一则勉励诸健儿继续努力，使红灰赤子，仍得耀武扬威于全省运动会场上。会间请得该社顾问杨景铎先生演讲，其大意以勉励社友，巩固社基，使他日于社会上多所贡献云。又得智育部顾问吕星云先生训话，其大意则谓组织社团，须成为一有价值的组织，预备为社会之领导者云。旋得各社友依次表演游戏，极尽庄谐之妙。复由职员制定格言书签，分赠各社友，以为是会之纪念。继复享食茶点。将近十时始欢呼而散。

四、男女平等，我国近代女子体育的先锋

1897年，梁启超在《论女学》中提到"欲强国，必由女学"，发自肺腑地感叹女子教育的重要性。但是，真正最早在中国推动女子教育实践的，却是为传教而开设的教会学校。教会学校素来重视体育教育，岭南大学作为当时最具影响力的教会大学之一，不仅开设了体育课，学习西方体育项目，而且率先开展中国女子体育运动，对当时社会的男女平等概念之产生，起到了积极的影响。

1906年，岭南学堂开始招收女生，并要求"女生必须修习体育课及格，方可毕业"。岭南大学对女子的体育教育，成为中国女子体育教育的先驱，其强制推行的体育课也造就了许多优秀女子运动家，

如陈佩月、司徒浣、郑元华、余如凤、余比薇等。

第二节 孙中山的"强国强种"思想

孙中山（1866—1925年），名文，号逸仙，毛泽东同志在《纪念孙中山》一文中高度评价其为"中国民主革命伟大先行者，中国革命民主派的旗帜"。孙中山为改造中国耗尽毕生精力，建立了不可磨灭的功勋，也为后继者留下了坚固而珍贵的遗产。

孙中山出生于广东省香山县（今中山市）翠亨村的农民家庭。青少年时代受到广东人民斗争传统的影响，向往太平天国的革命事迹。1886年，孙中山在广州博济医学堂（中山大学中山医学院前身）学习，后到香港习医，于1892年以优异成绩毕业于香港西医书院，在澳门、广州行医。通过西式医学堂的教育，孙中山接触到了西方的自然科学和资产阶级的社会政治学说，达尔文的进化论和法国18世纪资产阶级革命的历史给他以深远影响。1894年上书李鸿章遭拒后，孙中山赴檀香山创立兴中会，提出"驱除鞑虏，恢复中国，创立合众政府"的主张，1905年在东京成立中国同盟会，提出三民主义思想。辛亥革命成功后，1912年，孙中山在南京就任中华民国临时大总统，卸任后，著有《建国方略》《建国大纲》《三民主义》等理论著作。

孙中山与岭南大学有深厚的历史渊源，他重视岭南大学，曾三次到校发表演讲。1912年5月7日，孙中山莅临岭南学堂参观，在马丁堂前向师生做"非学问无以建设"的演讲，宣传革命思想，并与师生合影留念。岭南大学成为孙中山宣传革命思想、培养建国人才的重要基地。

一、强国强种，体育为基

甲午战争后，中国面临被西方列强瓜分的危机，由此激发了有识之士的危机意识,迫使国人认识到自强保种的重要性。有识之士抱持"师夷长技以制夷"的思想,希望通过学习西方的教育、科学、军事、体育等,来达到改造国民、最终改造整个中国社会的目的。

20世纪初,中国社会依然面临着内政腐败、外强入侵的危机。孙中山接受了晚清时期"强兵御侮、强国强种"(图6-2)的体育思想,认为强国强种,体育为基,多次提出要"强种保国、强民自卫",要国人重视体育,并将提倡体育、振兴中华与他的革命思想和斗争实践密切结合起来。从教育理论上讲,健康的身体是提高智力水平的重要基础之一,故应首倡体育。

 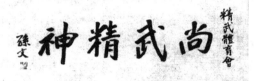

图6-2 孙中山题写"强国强种"　　图6-3 孙中山题写"尚武精神"

1919年,上海精武体育总会成立十周年,孙中山为该会题写了"尚武精神"的匾额(图6-3),并亲自为《精武本纪》作序。在序文中,孙中山对国民重视火器而轻视技击的现象提出了批评,希望国民重视技击术、积极参加技击运动,以达到"强种保国"的目的。

孙中山认为,一个民族如果不求自卫之道,则不能生存,只有"强种"才能"保国"。他提倡"尚武精神",支持国民体育,强调发展体育竞技项目,以增强国民身体素质,提倡以武术作为提高民族自卫能力的手段,达到自强保种、救亡图存的目的。这不仅是其体育观念的体现,还是其民族主义思想的体现。

二、"欲图国力之坚强，必先图国民体力之发达"

孙中山有良好的西式教育背景和医学知识基础，对于女子缠足现象深恶痛绝，力图废除这种泯灭人性的陋习。1912 年，孙中山就任临时大总统后，立刻发布了公告《大总统令内务部通饬各省劝禁缠足文》。在该公告中，孙中山提出"欲图国力之坚强，必先图国民体力之发达"①，认为中国要振兴，首先就要甩掉"东亚病夫"的帽子。

三、德智体全面发展，培养学生健全的人格

孙中山认为："注重体育、智育、德育三项，改良人类来救国家，是全国所欢迎的。……我们要造成一个好国家，便先要人人有好人格。""国家也好像一个大青年会，必须要全国人民都要有体育、智育、德育的人格才好。"② 可见，孙中山将健全的人格分为体育、智育、德育三育，认为体育是"形成好人格"的首要组成部分，是提高国民素质、振兴中华的重要手段，体现了他的体育价值观。他指出："体育为民族健康之本，应视为教育之先，努力倡导，身体健壮，脑精自足，知识自可提高。"③ 这样，国家才能强大，中国才有希望。

四、提倡军事体育，促进民国体育的发展

孙中山重视和提倡体育，主要是从革命、尚武、练兵的角度出发的。孙中山于 1903 年 8 月在东京创立青山军事学校，通过体育锻炼提高学生的身体素质，加强军事训练。1905 年，在孙中山的倡议下，革命党人在东京创设了体育会，将体育运动与军事训练结合起来，开展综合培训，以提高学生的综合素质。孙中山还派同盟会会员温靖侯、谢逸桥在广东梅县松口镇创办了体育学堂，成立了松口体育会，

---

① 中国史学会：《辛亥革命》（八），上海书店出版社、上海人民出版社 2000 年版，第 27 页。
② 《孙中山全集》第 8 卷，中华书局 1986 年版，第 319 页。
③ 《孙中山集外集》，上海人民出版社 1990 年版，第 86 页。

思想渊源，精神动力

开设球类、田径、体操等课程。

孙中山的体育教育观、体育方法论和体育价值观同他的革命事业紧密相连，是其整个思想体系不可分割的一部分。他的体育思想对当时的中国政府、学校、社会产生了深远的影响，对当时的国立大学、教会大学的体育发展也产生了积极的影响。

五、岭南大学的革命传统、爱国精神

岭南大学注重对学生的爱国精神的培养，在岭南学堂的《本学堂体育会志言》中，就明确了要养成学生健全之体格，以报效国家：

> 莘莘学子，志趣远大，莫不踊跃练习，一洗文弱之耻，且此会之用意，正所以养成健全之体格，活泼之性质，以为他日奔走国事，驰驱疆场之用。①

岭南大学的开办与发展，正值中国民族危急时刻。岭南大学虽为美国人开办的教会大学，以西方知识体系为课程主体，但岭南学子心系国家，时刻关心着国家的安危荣辱。

作为教会学校，岭南大学的学生积极参加革命。1911年，广州爆发了黄花岗起义，岭南学子高剑父参加了这次起义。同时，岭南学子还积极筹款支持辛亥革命，给革命以巨大帮助。② 辛亥革命爆发后，岭南大学的部分学生参加学生军北伐，组织筹款队，到城乡演戏宣传。1925年6月23日，广东各界在广州市东较场举行了声讨帝国主义在上海制造五卅惨案大会，会后举行了游行示威，岭南大学的师生们积极参与其中。当广州的学生队伍行进到沙基时，遭沙面租界内的英法军队士兵射杀，即"六二三"沙基惨案，后人专门立碑纪念（图6-4）。岭南大学的教师区励周、学生许耀章牺牲，体现了岭南

---

① 《本学堂体育会志言》，载《岭南学堂手册》（岭南学堂内部印刷品，1904—1912年）。

② 余齐昭、李坚：《钟荣光先生传略》，《中山大学报》1984年第4期。

·157·

大学光荣的革命传统。

图 6-4　"六二三"沙基惨案纪念碑①

1928年10月27日，路永恒在《南大青年》上发表文章《从东亚病夫到南大体育》，提到：

> 我们运动不仅仅是为了自己，更是为了社会、为了国家，只有将我们的身体弄得强健了，才能将莫大的责任扛在肩上……南大同学们之注重体育，是没有认识宗旨的，未必真的想到遗传弱种，有文化落后、天然淘汰的危机……倘我们今后认识体育的宗旨——直到体育影响于一国文化如此重要……

抗日战争期间，岭南大学的运动员表现出了强烈的爱国热情，通过体育比赛筹款抗日。据《广州体育志》记载：1931年11月，穗市强华、岭大、中大、空军、海军、警察六支足球劲旅，为援助黑龙江

---

① 李明瑞编：《岭南大学》，（香港）岭南（大学）筹募发展委员会1997年版，第256页。

省抗击日本侵略军，筹款义赛，赛事轰动五羊体坛。①

1932年2月，十九路军在淞沪英勇抗击日本侵略军，广州市各团体纷纷捐款慰劳前线将士，由广州市国民体育会发起篮球义赛，门票收入全部汇寄上海十九路军，广州市的所有篮球劲旅均参赛，盛况空前。

1940年，岭南大学被迫迁徙到香港办学，《瞬逝的辉煌：岭南大学六十四年》一书记载了学生的体育活动：

> 学生对体育活动的爱好也没有减弱。学校的体育设施不可能达到原来的完备水平，但还是尽力租到了一个运动场和一个游泳场，供学生开展各种体育活动。1940年4月25—26日，岭南大学举办了全校运动大会，有301人参加。对于受战火影响，为国家命运忧心忡忡的教师和学生，运动会丰富了课外生活，缓解了大家的紧张情绪，促进了师生们的团结奋进精神。岭大学生也发挥其"力学不忘救国"的爱国传统，常利用课余时间进行抗日救亡的工作。1939年8月1日，学生组织的慰问团出发到东江、北江、广西各地开展慰劳抗日战士的活动。②

第三节　钟荣光校长，办校辉煌

钟荣光（1866—1942年）是我国著名教育家、岭南大学第一任华人校长。1899年，钟荣光应邀担任格致书院国文总教习。1902年，时任岭南学堂副监督的钟荣光开始在广州市南郊康乐村购地建校。钟荣光对岭南大学有两大突出贡献：一是将岭南大学的办学权从美国教

---

① 《广州体育志》，http://www.gzsports.gov.cn/info/1134/4910.htm。
② 陈国钦、袁征：《瞬逝的辉煌：岭南大学六十四年》，广东人民出版社2008年版，第103页。

会势力手中收回,这在中国现代教育史上具有里程碑式的意义;二是足迹遍及全球大部分国家和地区,向爱国华侨和国内各界筹款办学,使岭南大学成为国内社会办学的先驱。

岭南大学原来只有文、理学院。钟荣光接任校长后,先后增设了农学院、工学院、商学院、医学院以及神学院,使岭南大学拥有7个学院、30个系,成为南中国规模较大的综合性大学。《中国大百科全书(教育卷)》在"岭南大学"条目中写道:"岭南大学开始是由美国教会人士所创办,自1927年以后收归国人自办,在我国华南地区特别是港澳地区和海外是有较大影响的一所高等学府。"

岭南大学师资力量雄厚,学子遍布全球,在海内外具有广泛影响。不仅如此,岭南大学具有良好的体育氛围。从校长到教师,都对体育活动采取支持鼓励的态度,并在器材、用车、房舍等方面予以大力支持。学生运动员若因参加比赛而误考,就采用赛后返校补考的方法处理。钟荣光经常参加学校体育比赛的开幕式、欢送会、庆功会,学校的各级领导也经常抽空观看比赛或表演,极大地激发了岭南学子参与体育活动的热情。

钟荣光是兴中会会员,与孙中山的关系密切。孙中山非常重视岭南大学,多次到岭南大学演讲。孙中山曾高度评价岭南大学"规模宏大,条理整齐,教育善良",认为与"其余的学校比较起来,不但是在广东可以说是第一,就是在中国西南各省,也可算是独一无二"。①

据《体育史料》记载,钟荣光早年曾当过体育教员。② 1902年,广州的新少年学堂聘请岭南学堂的"华人总教习"钟荣光来校兼任体操教员,每周上课两次,每次50分钟。上课地点是饭厅,教学的主要内容是柔软体操。

钟荣光十分重视体育教育,出任校长以后,他十分强调"学以

---

① 黄义祥编著:《中山大学史稿(1924—1949)》,中山大学出版社1999年版,第5页。
② 体育文史资料编审委员会编:《体育史料(第8辑)》,人民体育出版社1982年版,第23页。

思想渊源，精神动力

为人"的教育思想，注重培养学生德智体群的全面发展。钟荣光采取强制性的体育教育，要求学生一律参加体育活动，规定学生每天下午下课后，都要到球场锻炼身体；除参加体操课外，每天还必须在户外运动一小时。1912年，钟荣光出任广东省政府教育司司长后，组织了广东省第三次运动会。

钟荣光极力提倡体育，他的体育思想以及在岭南大学推广体育的方法，使岭南大学的体育实力不仅在广东高校中首屈一指，在中国南方、东南亚地区也具有很大的影响力。岭南大学运动员的运动成绩突出，多年获得广东省运动会的团体冠军，其足球队曾战胜全国冠军香港南华队。许多岭南大学的体育精英名扬全国运动会、远东运动会，还参加了柏林奥运会，为中国的体育事业作出了贡献，其成绩列入中国体育史册。在钟荣光的领导下，岭南大学形成了明确的体育指导思想和体育运行机制，为岭南大学的体育走向辉煌奠定了坚实的基础。

学者这样评价钟荣光：

　　20世纪初，办大学为国家培养人才做出重大贡献的教育家，除了被誉为学界泰斗的北大校长蔡元培先生外，创办私立大学，鞠躬尽瘁，蜚声海内的大概就要数南开大学校长张伯苓先生和岭南大学校长钟荣光先生了。①

《大学精神》的作者杨东平说：

　　事实上，每一所大学的成长都与教育家相连，如蔡元培、蒋梦麟之于北京大学，梅贻琦、潘光旦之于清华大学，张伯苓之于南开大学，唐文治之于交通大学，竺可桢之于浙江大学，郭秉文之于东南大学，王星拱、周鲠生之于武汉大学，马相伯、李登辉之于复旦大学，邹鲁、许崇清之于中山大学，萨本栋之于厦门大学，熊庆来之于云南大学，罗家伦、吴有训之于中央大学，胡庶

---

① 王远明编：《风起伶仃洋，香山人物志》，广东人民出版社2006年版，第252页。

华之于湖南大学，郑洪年、何炳松之于暨南大学，陈时之于中华大学，陈垣之于辅仁大学，钟荣光之于岭南大学，刘湛恩之于沪江大学，陆志韦之于燕京大学，吴贻芳之于金陵女子大学等等。这些大师正是现代大学的人格化象征。他们在不同方向上的可贵探索，丰富着生长中的现代教育文化。①

钟荣光的体育教育思想对岭南大学的体育精神产生了深刻影响，也成为学校精神的重要组成部分。正如校友徐亨指出的："岭南精神首先是体育精神，岭南培养人才向来注重德、智、体育全面发展，传统重视体育道德和体育精神。在体育运动和锻炼中，激发学子勤学苦练，鼓劲拼搏，坚忍不拔，无往不前，胜不骄，败不馁，为母校添彩，为中华争光。"② 高时良先生也认为，岭南大学把"健身强国"的体育精神作为"岭南精神"的重要组成部分。所谓"岭南精神"，就是综合基督教的服务和友爱精神、民主主义的自由和平等精神、革命的爱国精神，以及健身强国的体育精神这四种传统形成的。③

---

① 杨东平：《大学精神》，辽海出版社2000年版，第6页。
② 李瑞明主编：《南国凤凰——中山大学岭南学院》，（香港）商务印书馆2005年版。
③ 高时良：《中国教会学校史》，湖南教育出版社1994年版。

第七章　体育杰出人物

第一节　唐福祥[1]

在中国近代足球史上，曾有过三代"球王"：第一代"球王"唐福祥，第二代"球王"梁玉堂，第三代"球王"李惠堂。在这三代"球王"中，鲜为人知的是唐福祥。

唐福祥（图7-1），广东鹤山人。因父亲曾参加太平天国运动，后全家移居香港避难。唐福祥少年时代酷爱足球，经常和同学们举行足球比赛。他曾是香港湾仔官立英文学校足球队队员，毕业之后转入皇仁书院学习，升为甲组队员。1908年，香港成立了第一个华人足球组织南华足球会，唐福祥、郭宝根等相继加入。1910年，全国学校区分队第一次体育同盟会（即首届全国运动会）举行，香港南华足球会荣获全国冠军。

图7-1　唐福祥[2]

---

[1] 本节根据加州著《一代球王唐福祥》（《体育文史》1990年第2期）和张彩珍主编《中国足球运动史》（武汉出版社1993年版）编写。

[2] 图片来源于《体育世界》1927年第1期，第8页。

1910年，唐福祥转入圣约瑟书院学习，后到广州基督教青年会工作，致力于推广足球。

1913年，第一届远东运动会在菲律宾马尼拉举行。北洋政府教育部决定由全国冠军组队，在广东、香港两地遴选足球队队员。广州有基督教青年会干事唐福祥、南武公学学生许文辉和丘纪祥入选。在远东运动会上，唐福祥在比赛中屡建奇功。

1915年，第二届远东运动会在中国上海举行，南华足球队代表中国队参加赛事，唐福祥被选为队长。运动会之前，上海各球队要求与南华足球队一较高低，以决定代表权。南华足球队欣然赴赛，战而胜之，取得了代表权。接着，南华足球队在远东运动会中又将日本、菲律宾一一击败，称雄东亚。从此，南华足球队一发而不可收，连获第三、第四届远东运动会的足球冠军，永久获得由商务印书馆赠送的足球奖杯——大银鼎。

1913—1934年，远东运动会共举办了十届，中国足球队九获冠军。其中，唐福祥历任第二至四届远东运动会的中国足球队队长，被称为中国第一代"远东球王"。

唐福祥参加远东运动会的战绩如下：

1913年第一届远东运动会（菲律宾马尼拉），中国1∶2菲律宾，唐福祥进1球。

1915年第二届远东运动会（中国上海），中国1∶0菲律宾，唐福祥为中场球员。

1917年第三届远东运动会（日本东京），中国3∶0菲律宾，唐福祥进2球；中国5∶0日本，唐福祥进1球。

1919年第四届远东运动会（菲律宾马尼拉），中国2∶0菲律宾，唐福祥进1球。

1923年，唐福祥赴美留学，组织华人留学生足球队，被推举为队长。回国后，任教于岭南大学。

1930年第九届远东运动会，唐福祥担任中国足球队教练。

第二节　徐亨[①]

徐亨（1912—2009 年），广东花县（今广州市花都区）人，出身于书香世家（图 7-2）。徐亨的父亲徐甘澍先生和母亲黄玉英女士均为执业西医，自设规模颇大的保生医院，以医济世。徐亨的叔祖徐维扬曾追随孙中山参加民主革命运动，是 1911 年"三二九"广州之役中的十个敢死队长之一，其统率的起义队伍几乎全部牺牲。徐亨的伯父徐甘棠教授是一位著名的数学家，桃李满门。

图 7-2　徐亨[③]

1918 年，徐亨进入岭南大学附属小学读书，从小学五年级开始进行体育锻炼，对各种体育运动都产生了浓厚的兴趣。1928 年，徐亨入读岭南中学，加入校运动队。他锻炼刻苦，体育潜质得以充分发挥，加上 1.9 米的"高人一等"的身材，便成为岭南高中体坛的后起之秀，多次代表广东省甚至国家参加排球、篮球、足球、水球、游泳等项目的比赛，获得"全能运动员"的美誉。[②]

1930 年，徐亨作为 18 岁的中学生获选为参加第九届远东运动会的中国排球队队员。这一届中国男、女排球队的教练分别是赵善性（中山大学）和刘权达（岭南大学）。男排队员是：曹廷赞（队长，岭南大学）、李福申（岭南大学）、徐亨（岭南大学）、陈锡炳、曾经

[①]　唐汉滔主编：《岭南体坛人物志》，广东人民出版社 1993 年版，第 198 页。
[②]　《广州文史》，http://www.gzzxws.gov.cn/gzws/gzws/ml/38/200809/t20080917_8701.htm。
[③]　《全国足球名将录》，上海勤奋书局编译所 1936 年编。

全、叶隐森、陈从超、幸桂荣、朱祖绳（中山大学）、黎连楹（中山大学）、伍永钦（中山大学）、丘广燮（中山大学）。同年，徐亨转入黄埔海军军官学校。

徐亨为参加远东运动会的排球比赛而进行了刻苦的训练，排球技术水平有很大的提高。徐亨的网前功夫极为出色，受到球迷们的热烈称赞。在排球比赛中，徐亨被球迷称为"梳头式"扣球的独门绝招也得到了充分发挥。这个绝招就是他利用打前排和身高手长的天赋，在网前用双手不断划圈，以扰乱对方耳目，使扣球和压球得以成功，因动作状似梳头，故称。

1934年，徐亨还被选为参加第十届远东运动会的中国足球队队员，成为足球、排球"双料选手"。作为中国足球队的守门员，徐亨以伟岸的身躯，配上轻巧、灵活的动作，使对方的任何攻门均难逃他的"十指大关"，为中国足球队蝉联冠军立下了汗马功劳。

中国足球队成员大多是广东籍，他们是：李惠堂（队长）、李天生、冯景祥、谭江柏、叶北华、徐亨（岭南大学）、黄纪良（中山大学）、黄美顺、李国威、梁荣照、何佐贤、曹桂成、郑季良、陈家球、刘茂、李宁、陈镇祥。教练：黄家骏。

徐亨还是篮球中锋、游泳健将，陆续参加过全国运动会、远东运动会，不断摘金夺银。20世纪30年代，在他参加的各类国际体育赛事中，共荣获8枚金牌。后来，他在香港水球队当前锋，有"水球准星"之称。①

1938年10月，广州沦陷。时任广东虎门要塞司令的陈策将军因伤前往香港接受截肢手术，少校参谋徐亨陪同前往。1941年12月9日，日军向驻扎在九龙和新界的英军发起进攻，九龙沦陷。几周后，徐亨辅助驻港军事总代表陈策将军及英军官兵70余人，实施著名的"香江突围"。1944年，徐亨任海军"永宁"扫雷舰的中校舰长。

1949—1954年，徐亨组建的台湾幸运游泳队参加香港水球锦标

---

① 《体坛英杰徐亨》，http://www.gzzxws.gov.cn/gzws/gzws/ml/38/200809/t20080917_8701.htm。

赛，获得了六连冠。1970年5月13日，国际奥委会第69届大会在荷兰首都阿姆斯特丹举行，徐亨当选国际奥委会委员。

第三节　郭琳爽

郭琳爽（图7-3）出生于1896年3月8日，是郭家三子郭泉的长子，他那一辈中的第一个男孩。郭琳爽的堂弟、郭家四子郭葵的长子郭棣活，是永安棉纺公司总经理。①

图7-3　郭琳爽

郭琳爽德智体全面发展。有资料显示，他在岭南大学就读期间曾是优秀的排球运动员。1915年5月，在上海虹口娱乐场（今鲁迅公园）举行的第二届远东运动会上，年仅19岁的中国排球队队长郭琳爽率队勇夺冠军。

据《岭南青年报》记载：1917年，郭琳爽是岭南学堂大学体育部部长、排球队队长。1918年1月，岭南学堂排球队前往香港与基督教青年会比赛，战绩辉煌。郭琳爽读大学一年级时，还曾率袁国深、关健安、郭仲棠、区丙良等人，与基督教青年会比赛篮球。

1920年10月，郭琳爽毕业于岭南大学。他身材伟岸，是排球队中的重要人物，尤其擅长发球、扣球、救球等技术。郭琳爽向来胜不骄败不馁，在比赛中屡战屡捷。在第二、第三届远东运动会上，郭琳爽是中国排球队队长，皆率队获得冠军；第四次远东运动会时，他率队获得亚军。②

郭琳爽参加了多届远东运动会的排球比赛。各届具体参赛人员如表7-1所示。

---

①　王昌范：《郭琳爽与永安公司》，载《联合时报》2018年1月12日。
②　《郭琳爽》，载《体育世界》1927年第1期。

表7-1 以郭琳爽为代表的参加远东运动会的岭南大学学生运动员名单

届　数	运动员名单
1915年第二届	郭琳爽（队长）、廖崇恩、邝炳舜、苏彭年、马朝恩、周兆祯、黄仁让
1917年第三届	郭琳爽（队长）、邓祖荫、马朝恩、黄仁让、曾恩涛
1919年第四届	郭琳爽（队长）、邓祖荫、周秉钧、韦泽生
1921年第五届	郭琳爽、黄仁让（队长）、曾恩涛

1929年，郭琳爽被伯父、香港永安公司总监督郭乐指名调到上海永安公司担任副经理，1933年升任总经理。1934年，郭琳爽在永安公司筹设国货商场，维持半年有余。1935年，郭琳爽再次筹备国货商场，并在报上刊登征求国货的启事，应征厂商计1000余家，但因抗日战争全面爆发而流产。1939年，郭乐赴美，郭琳爽全权主管上海永安公司。其间，郭琳爽深明"创业之维艰，守成之不易"，注重所经销商品的质量，使上海永安公司的销售额和利润多年高居同业之首。抗日战争胜利后，郭琳爽任上海市参议员。

上海解放时，郭琳爽配合中共地下组织保护企业，将上海永安公司完整地交给人民。从1949年起连续多次任上海市环球货品商业同业公会主任委员，1951年2月当选上海市工商业联合会第一届执行委员，1956年当选上海市工商联第二届常务委员，1959年11月增选上海市工商联第三届副主任委员，后连任第四、五届副主任委员。其间，郭琳爽积极带头参加公私合营等各项社会活动，担任公私合营永安公司总经理。郭琳爽曾任上海市人大代表、上海市政协第三届常务委员、全国工商联第三届执行委员和全国政协第三届委员。

第四节　黄仁让

黄仁让是岭南大学学生运动员中的体育多面手，既是篮球明星，也是排球高手。据《岭南青年报》记载,1917年12月,黄仁让因篮球水平高超、表现突出,曾代表岭南学堂篮球队战胜培英学校。1919—1920年,黄仁让是岭南大学排球队的队长。1921年的广东省第八次运动会开始设置男子篮球项目,有8个队伍参赛,其中,黄仁让担任队长的岭南大学篮球队获得了冠军。

　　黄仁让多次入选中国篮球队、排球队,担任队长,带队参加远东运动会的篮球、排球比赛。据《广州体育志》记载：1915年,黄仁让与郭琳爽、苏彭年、廖崇恩、郭炳舜、马朝真等人组成中国排球队,参加第二届远东运动会。1919年,黄仁让入选中国篮球队并担任队长,征战第四届远东运动会。1919年,广东派出篮球队到上海,黄仁让等与代表中国参加第四届远东运动会篮球比赛的华北队作了一次友谊比赛。1921年第五届远东运动会,岭南大学的黄仁让、郭琳爽、曾恩涛入选中国排球队,获得冠军。1923年第六届远东运动会,黄仁让担任中国排球队队长,岭南学子曾恩涛、刘权达为队员,获得亚军。1925年第七届远东运动会,黄仁让与岭南学子曹廷赞、罗南科、刘权达入选中国排球队,获亚军。

第五节　司徒光[①]

　　司徒光(图7-4),广东开平人,初中时就读于南海县佛山镇华英中学(今佛山市一中),该校是当时广东省内较早开展田径运动的学校之一。司徒光身高腿健,奔跑速度快,100米成绩在13秒内,参加学校田径赛时,常常名列前茅。司徒光转读广州培正中学后,由于得到教练的悉心指导,加上勤奋苦练,成绩大有提高,在校运会上屡获跳高、跳远和三级跳远冠军。

[①] 唐汉滔主编：《岭南体坛人物志》,广东人民出版社1993年版,第240页。

1926年，司徒光获得广东省第十一次运动会三级跳远第一名，初露锋芒。翌年，他被选为我国参加第八届远东运动会的田径选手。司徒光考进岭南大学后，更加刻苦训练，并立下宏愿，要为中国人洗雪"东亚病夫"之耻。

1930年4月，在杭州举行的第四届全国运动会上，司徒光以13.39米的成绩夺得三级跳远第一名，跳远也获得了第二名，并被选为同年5月在日本举行的第九届远东运动会的田径选手。这届远东运动会，我国共派出29名运动

图7-4　司徒光①

员参加比赛，结果只有司徒光在三级跳远中取得第四名的成绩，获得非常珍贵的1分。当时在场观看比赛的爱国华侨，为他拼得这宝贵的1分而洒下热泪。为了表扬司徒光，爱国华侨特制了一个镌着"为国争光"字样的奖杯送给他。1981年，已经居港多年的司徒光，特通过岭南校友会香港分会，委托中山大学的郭刁萍教授，将此珍贵奖杯转赠给广东省体育运动委员会。

司徒光参加第九届远东运动会归来后，为实现"为国争光"的雄心壮志，坚持艰苦的训练，成绩有所提高。1933年，他离开广州到了北平；在同年10月于南京举行的第五届全国运动会上，他以14.19米的成绩获三级跳远金牌，并打破全国纪录。在这届全国运动会上，北平男子田径队由上届的团体总分第五名，一跃而为团体总分第二名，司徒光立下了汗马功劳。

1936年，司徒光以14.36米的三级跳远好成绩（图7-5），被选拔为参加柏林奥运会的田径选手。但由于长途跋涉、身体疲惫，司徒光在比赛中发挥失常，与王士林在预赛中的三次试跳均未达到晋级标准，因而被淘汰。此后，由于年龄增长、体力渐减，司徒光转而出任

---

① 《全国男子田径名将录》，上海勤奋书局编译所1936年编，第3页。

体育教师，专心培养体育人才。

图7-5　司徒光参加奥运选拔赛①

第六节　伍舜德

伍舜德（1912—2003年），祖籍广东台山，在1932—1935年就读岭南大学经济学系期间（图7-6），担任第31—33届岭南大学棒球队队长。1933年，伍舜德率领岭南大学棒球队获得广东省第十二次运动会冠军，并进入广东棒球队担任队长，带队斩获三个全省冠军和1933年的第五届全国运动会冠军。1934年，伍舜德成为中国棒球队队长，带队远赴菲律宾，参加第十届远东运动会的棒球比赛，获得了第三名。

1935年，伍舜德从岭南大学商业经济学系毕业。同年，应香港陆海通有限公司邀请赴港，就任于该公司的六国饭店，任司理会计一职，开始了他的人生奋斗历程。因得上司赏识，伍舜德很快被委任为

① 图片来源于《中华》1936年第43期。

陆海通公司经理；后以优异的实绩进入董事会，成为董事会中最年轻的一员。伍舜德历任香港陆海通有限公司经理、香港美心食品集团企业董事长兼总经理，其企业下属包括美心西饼、元气寿司、华南区星巴克等著名餐饮品牌。

伍舜德事业有成而心怀桑梓。在台山，他先后捐建了少年宫、小学、中学、中等专业学校等教育基地，同时，对图书馆、医院、报馆等的建设也投入大量的资金。之后，他又把目光投向高等学校建设，先后投入巨资给五邑大学与岭南大学兴建教学楼、图书馆等。

图7-6 伍舜德

第七节 刘权达[①]

刘权达（图7-7），祖籍广东新会，1904年生于广州。由于家境比较富裕，他10岁时，就被家人送到位于广州白鹤洞的培英学校读书。

1914—1924年，刘权达在培英小学、中学学习了10年。培英学校的排球运动很普及，刘权达从少年时代起，就酷爱排球运动。他起早摸黑，刻苦训练，从"小网"到班队、级队，于1922年被选入培英学校校队，从而步上排坛。

图7-7 刘权达[②]

[①]《广州文史》，http://www.gzzxws.gov.cn/qxws/lwws/lwzj/lwd_3/201012/t20101203_19818.htm。

[②]《工专》1930年第1卷第1期，第14页。

根据《广东省志·体育志》和《广州体育志》的记载,以刘权达为代表的岭南大学学生参加远东运动会的情况如表7-2所示。

表7-2 以刘权达为代表的岭南大学学生参加远东运动会的情况一览

届 数	运动员名单
1923年第六届	排球(亚军):黄仁让、曾恩涛、刘权达
1925年第七届	排球(亚军):黄仁让、刘权达、曹廷赞、罗南科、吴求哲、林权胜
1927年第八届	排球(冠军):梁质君、罗南科、曹廷赞、黄昆仑 女排(亚军):李翠秋、卢惠娴(中山大学) 教练:刘权达
1930年第九届	女排(亚军):陈佩月、卢惠娴(中山大学)、肖慧瑾(中山大学) 教练:刘权达、赵善性(中山大学)

1923年,刘权达被选为中国排球队队员,参加在日本大阪举行的第六届远东运动会。

1925年,刘权达进入岭南大学学习,任岭南大学排球队队长;同年5月,参加在菲律宾马尼拉举行的第七届远东运动会。

1926年,刘权达到上海担任两江女子体育专门学校的排球教练。同年,应广东体育界邀请回广州,担任广州甲商学校、广州市第二中学、广东女子职业学校、广东大学附中、广东工业专门学校、国立法科学院等院校的体育主任兼教员。

1927年,刘权达担任中国女子排球队教练员,率队参加了在上海举行的第八届远东运动会。

1930年,刘权达与赵善性分别担任中国男、女排球队教练,参加在日本东京举行的第九届远东运动会。刘权达担任教练期间,对队员既严格要求又体贴入微,且知人善任、慧眼识英才。在遴选国家队队员时,大家讨论黄昆仑、徐亨谁应入选。刘权达力排众议,认为徐亨身高1.9米,有空中优势,弹跳力好,使得徐亨成为正选队员。

1931年，刘权达赴荷属东印度（印度尼西亚）担任几间华人学校的体育主任和排球总教练；1933年回国，先后在私立广东体育学校和广东省立体育专科学校任教。

1936年柏林奥运会时，刘权达入选中华民国国民政府36人体育考察团。考察团到过德国、丹麦、瑞典、捷克斯洛伐克、奥地利、匈牙利、意大利等国。

新中国成立后，刘权达虽不涉足体坛，但祖国体育的每一次胜利都牵动着他的心。中国女排在夺得五连冠后，曾拜访过他。当时，刘权达的房间贴着中国女排队员的图片，并称她们是中国排球的骄傲，是永久的光荣。他说："我一生都结上体育缘，国家体育事业的兴盛便是我的幸福，亚运圣火照亮我的心。耄耋之年，能为祖国体育事业尽一份微薄之力，是我的荣幸。"①

刘权达是中国早期排球运动的参与者和见证人，为编纂我国排球史提供了大量体育史料。1988年，培英中学百年校庆，他慷慨解囊，捐赠人民币3000元，作为振兴体育、恢复排球传统的体育奖学基金。1990年，他向北京亚运会组委会捐赠人民币1万元。刘权达常说，中国从"东亚病夫"成为亚洲和世界的体育巨人，这是国家的光荣，也是每一个中国人的光荣。1991年1月23日，刘权达于寓所逝世，终年87岁。其亲友根据刘权达生前嘱咐，将其遗款港币2万元分别捐赠给广州市老年体育工作联谊会、岭南大学校友会、培英校友会、基督教锡安堂，实现了他的遗愿。

第八节 陈光耀

陈光耀（图7-8）早年就读于香港圣保罗学校，儿童时期便喜

---

① 吴国辉：《排坛元老刘权达》，载《广州文史》，http://www.gzzxws.gov.cn/qxws/lwws/lwzj/lwd_3/201012/t20101203_19799.htmg。

欢足球。

16 岁时，陈光耀在香港的学生夏令杯足球赛中初展头角，被香港著名足球俱乐部南华队看中，进入南华乙组足球队，作为主力球员参加了香港足球乙级联赛 1921—1922 赛季。赛季结束后，由于球技出色，陈光耀又升入南华甲组球队。其间，他多次参加广东省、华南地区及全国的足球比赛，多次夺得冠军。

图 7-8　陈光耀①

民国初年，香港足球竞技水平居全国之冠。从第二届远东运动会开始，民国政府便以香港运动员为主力，联合广东省的运动员组建中国足球队，代表中国参赛。

1921 年，陈光耀入选国家队参加第五届远东运动会。1921—1930 年是中国足球的黄金十年，五夺远东运动会冠军。陈光耀是中国足球队左边锋，特点为突破速度快、进攻犀利、身体灵活、传球准确，为中国足球队立下汗马功劳，号称"中国足球之翼"。

1928 年，陈光耀在中国国家足球队前队长、第一代"远东球王"唐福祥的邀请下，到岭南大学学习，并在唐福祥执教的岭南大学足球队麾下鏖战于广州足球赛场。除了足球，陈光耀还在 1928 年的岭南大学运动会上获得 100 米跑冠军，在广东省第十一次运动会上获得 100 米、200 米跑冠军。

1931 年，岭南大学聘请陈光耀为学校体育运动委员会委员。此后一直到 1933 年，在唐福祥的指挥下，陈光耀的威力被充分发挥出来，岭南大学足球队夺得了那三年广东省几乎所有足球赛的冠军。

1933 年从岭南大学毕业后，陈光耀受到邀请，同孙锦顺、李硕友一起北上加盟上海优游队，上海优游队一跃成为华东足球霸主。退役后，陈光耀加入上海岭南体育会，受聘为体育部干事。1936 年，他在上海经营良友体育用品公司。

陈光耀为中国足球队获得五次远东运动会冠军贡献了力量，在国

---

① 图片来源于《光华年刊》1936 年第 11 期，第 1 页。

内也获得冠军无数。陈光耀从事足球运动年限如此之长，令人惊叹。其间，他也经历过伤病等诸多磨难，但总能迅速恢复，保持巅峰状态。这需要他坚定目标、高度自律，并对足球保持热爱。

由于陈光耀的卓越贡献，他被列入《全国足球名将录》（上海勤奋书局编译所 1936 年编）。

第九节　郭刁萍[①]

郭刁萍（图 7-9），广东南海人。1922 年就读于上海华东体育专科学校。毕业后，任天津南开中学体育教师，协助南开中学篮球队教练董守义培育出了当时闻名全国的"篮球五虎将"，使南开中学篮球队荣获两届全国冠军。

1928 年，郭刁萍在广西省运会任总裁判时，为南中国排演出第一个千人操。

图 7-9　郭刁萍

1930 年，郭刁萍任岭南大学附属中学体育主任兼岭南大学讲师时，推动岭南大学的体育发展，使岭南大学成为全国知名的体育强校，连获广东省运动会各项体育运动的团体冠军，培育出了全国举重冠军何友彰、柏林奥运会跳远和三级跳远选手司徒光、拳击能手李小洛和体育健将徐亨等体坛良材。

从 20 世纪 30 年代开始，在广东省教育厅体育督学许民辉的支持下，郭刁萍与李棣华办起了广东民众体育实验区，推动群众性体育运动。抗日战争胜利后，郭刁萍任岭南大学体育部主任。1952—1981 年，郭刁萍历任中山大学副教授、教授、体育教研室主任、体育部主任。

新中国成立后，郭刁萍是我国首批田径国家级裁判，曾被选为广

[①] 唐汉滔主编：《岭南体坛人物志》，广东人民出版社 1993 年版，第 212 页。

州市第一、二、三届人大代表，中国民主同盟广东省委员会委员，兼任过中华全国体育总会广东省分会副主任、广州市田径协会副主任、广州市网球协会主席、广州地区高等院校体育协会副主任、广东省体育科学学会副理事长等职。

郭刁萍继承和发扬了岭南大学和中山大学的体育传统、教育理念，他提出的学校体育要以教学为中心、以群众为基础、以场地设施为载体、以运动队训练为窗口的思想，数十年来一直影响着中山大学的体育教学工作。

郭刁萍建立了一整套教学管理体系，对体育教学管理起到了积极的推动作用。

（1）每周备课。郭刁萍要求教师每周集体备课一次，交流教学经验。

（2）教案上板，又称"黑板领导"。任课教师在上课前一周将教案挂在黑板上，经教学组长审批后才能上课，也供大家交流。主任也可督查。

（3）教材修订。郭刁萍每年暑假都带领全体教师集中编写及修订教材，使中山大学的体育课教材常改常新，成为广东高校体育课教材的蓝本。

（4）导师制。郭刁萍为每位新来的青年教师搭配一位老教师担任指导老师，指导其教学业务和学风修养，引导青年教师进入教学领域，遵守教学规范，提高教学能力。

（5）每年写作论文。郭刁萍规定每位教师每年要结合教学与训练工作写1～2篇科学论文，每年结合校庆田径运动会召开一次体育科学报告会，为中山大学建立起了良好的科研传统。

（6）统考体育理论。郭刁萍重视体育理论的教学，一、二年级学生主要学习中山大学的体育思想、锻炼方法、卫生保健。一、二年级学生统考理论，是中山大学的体育教学传统。

（7）师徒制。郭刁萍从每届学生中挑选几名学生，像徒弟一样培养。他经常带学生到家里吃饭，还经常资助家庭经济困难学生的生活费用。

郭刁萍一生献身体育教育事业，为中山大学乃至华南体育教育事业作出了历史性的贡献。他被列入《广州市志（体育卫生志）》（广州出版社 1997 年版）的人物专栏，这是对他一生的终极评价。

《广州市志(体育卫生志)》"大事记"之岭南大学相关部分(1841—1946年)

附 录

《广州市志(体育卫生志)》"大事记"之岭南大学相关部分(1841—1946年)

广州市体育运动委员会

1887年(光绪十三年) 两广总督张之洞在广东创设陆师学堂及水师学堂,开设体育课程,内容有击剑、哑铃、棍棒、竞走、跳远、跳高、单杠、马术等,是中国人自办学校开展近代体育的先驱。

1902年(光绪二十八年) 清政府诏令各省停办书院,改书院为学堂。广雅书院改为广东大学堂,越华书院改为广府中学堂,粤秀书院改为两广学务处,各学堂均设体操课。

1904年(光绪三十年) 岭南学堂由澳门迁回广州,在珠江河以南的康乐村建新校舍,辟运动场,开展球类、田径等活动。

1905年(光绪三十一年) 1905年冬,由广州教育界人士钟荣光、何剑吴等人发起,广东省学务处主持举办广东省大运动会(第一次省运会),在广州东较场大操场举行,参加比赛的有岭南学堂、南武公学等17所学校,参赛学生数百人。岭南学堂取得团体总分第一名,获得绣有双龙戏珠图案的锦旗一面。

1907年(光绪三十三年) 11月,在长堤东园(今越秀南东园路)举行尚武运动会(第二次省运会)。在康乐村岭南学堂操场,举办第一次全国运动会选拔赛,南武公学、广东高等师范学校、培英学堂、岭南学堂等学校的学生参加选拔。

1913年(民国2年) 由中国、菲律宾、日本组织的第一届远东运动会在菲律宾马尼拉举行,南武公学学生许民辉、丘纪祥、陈彦被选参加田径、足球比赛,陈彦以19尺11寸3/8的成绩获跳远第一名。许民辉、丘纪祥分别获440码、220码第三名,半英里接续跑(接力)第二名,许民辉、丘纪祥参加临时举行的排球表演赛。

· 179 ·

1915年（民国4年） 第二届远东运动会在中国上海举行。4月24日，广州体育会长李明德主持在岭南学校举办的选拔赛，选出广东高等师范学校王有松等3人、培英学堂关崇志等4人、南武公学丘纪祥等3人、岭南学校郭琳爽等6人，赴沪参赛。在这次远东运动会上，中国以96分的成绩夺取团体冠军，并获足球、排球两项锦标。

1917年（民国6年） 2月，第六次省运会在东较场举行，南武公学重夺团体冠军。5月，第三届远东运动会在日本东京举行，中国代表团的91人中，广东籍的占31人。其中，排球队员有南武公学丘纪祥、何琳等5人，岭南学校郭琳爽等6人；唐福祥、关健安、黄朴参加足球比赛，郭颂棠等3人参加田径比赛。中国蝉联足球、排球冠军。

1919年（民国8年） 2月，第七次省运会在东较场举行，岭南学校获团体冠军。

1921年（民国10年） 4月，第八次省运会在北较场举行，孙中山大总统被推选为名誉会长，汪精卫、金曾澄任会长。岭南大学获团体总分第一，香港南华足球队获足球冠军，女子低网排球由培道女中获冠军。

5月，第五届远东运动会在中国上海举行，中国足球队蝉联冠军，以广州的岭南大学、培正学堂、培英学堂等校球员组成的中国男子排球队获冠军。领队为李明德，教练为丘纪祥。

1923年（民国12年） 5月，第六届远东运动会在日本大阪举行。中国足球队第五次取得冠军。中国排球队由岭南大学、培正学堂、培英学堂的黄仁让、曾恩涛、刘权达、刘权荣、赵善性等人组成，领队及教练仍由李明德、丘纪祥担任。

1925年（民国14年） 3月，第九次省运会在文明路广东大学（今鲁迅博物馆）运动场举行，项目除田径、球类、游泳外，还有精武会操、国旗操、千人操、国术、体操、游戏、舞蹈、童子军会操等表演。在本次省运会上，选出黄炳坤、梁无恙为参加第七届远东运动会田径比赛的代表。

5月，第七届远东运动会在菲律宾马尼拉举行，中国足球队获六

《广州市志（体育卫生志）》"大事记"之岭南大学相关部分（1841—1946 年）

连冠。广州的梁无恙、黄炳坤参加田径比赛，刘权达、赵善性、黄仁让、李仲生、黎连楹、罗南科、李景谦等参加排球比赛；卢惠卿、邓志豪、余碧霞、李翠秋、张杏兰等参加女子排球表演赛，男、女排教练分别为许民辉、丘纪祥。

1927 年（民国 16 年） 8 月，第八届远东运动会在中国上海举行，广州的梁无恙、黄炳坤、司徒光、钟连基等参加田径比赛；黎连楹、李仲生、黄昆仑、梁质君、罗南科、孙权、陈煌年、李景谦、陈银培、黄培昌等参加排球比赛，并获得冠军，教练由赵善性、刘权达担任；卢惠卿、张杏兰、余屺怀、梁志光等参加女子排球比赛。

1928 年（民国 17 年） 3 月，广州市举办男子排球公开赛，岭南大学获冠军，中山大学获亚军。

1929 年（民国 18 年） 4 月，第四届全国运动会在浙江杭州举行，以广州市为代表的广东省体育代表团有运动员 87 人参赛，获总锦标第二。其中，女子团体获锦标第一，岭南大学梁景平、司徒光分获 200 米栏和三级跳远第一名，陈佩桃获掷垒球第一名，广东和哈尔滨获 4×50 米接力赛并列第一名。杨元华、龙荣轼分获男子 100 码仰泳和 220 码俯泳第一名。

4 月，广州市优秀运动员梁景平、麦国珍、刘有庆、黄淑弗被选为参加第九届远东运动会的田径队队员，陶佐德、雷惠明、李泰为游泳队、跳水队队员。

5 月，第九届远东运动会在日本东京举行，广州有 30 多名男女运动员参加田径、游泳、跳水、排球、足球等项目，司徒光获三级跳远第四名，获得可贵的 1 分。中国获排球、足球冠军，以广州女子排球运动员为主力的中国女排取得亚军。

1931 年（民国 20 年） 3 月，华南四大学——岭南大学、中山大学、厦门大学、香港大学在香港大学举行第一届联合运动会，项目有田径、篮球、排球、足球。

11 月，广州市强华队、岭南大学队、中山大学队、空军队、海军队、警察队六支足球劲旅，为援助黑龙江省抗击日本侵略军筹款义赛，赛事轰动五羊体坛。

1932年（民国21年） 2月，十九路军在淞沪英勇抗击日本侵略军，广州市各团体纷纷捐款慰劳前线将士。由广州市国民体育会发起篮球义赛，门票收入全部汇寄上海十九路军，广州市所有篮球劲旅均参赛，盛况空前。

1933年（民国22年） 8月，广东省第二届暑期体育训练班在岭南大学举办，聘请国内体育专家董守义、陆礼华（女）、王复旦、许民辉、程登科、高锡威、刘权达等任教。

1934年（民国23年） 5月，第十届远东运动会在菲律宾马尼拉举行，广州的许民辉、丘纪祥、唐福祥、郭雅雄等人担任教练工作。广东省籍运动员有：田径赵秉衡、司徒光，棒球余伯惠、伍舜德、李灼壁、毛连贵、程观怡、高汉恩、黄兆熊、邓彪，男排黎连楹、李福申、谭永湛、丘广燮、伍永鑫、黎福俊、徐亨，女排卢慧娴、刘玉崧、马杏燕、颜秀容、孙纤，足球黄纪良、李天生、谭江柏、叶北华、冯景祥，游泳陈焕琼、刘桂珍。陈焕琼在200米蛙泳项目中，以3分58秒4获得第一名。

1936年（民国25年） 8月，第十一届夏季奥林匹克运动会在德国柏林举行，广州市优秀运动员黄英杰、司徒光参加田径项目，黄纪良、李天生、叶北华、谭江柏、冯景祥、徐亚辉、陈镇和、杨水益、卓石金、黄美顺参加足球项目。随同中国体育代表团前往欧洲考察体育的有：广东省立体育专科学校校长许民辉，中山大学体育主任郭颂棠，原在广州工作的刘权达，第一集团军总部体育教官谭鑫斌。华南体育专科学校建立白虎田径队，与广州体育劲旅岭南大学和培正中学在岭南大学运动场举行田径对抗赛。

1946年（民国35年） 抗日战争胜利后，强华体育会、东山水体会、国民体育会、基督教青年会体育部、沙面游泳场、粤秀体育会等群众体育团体先后恢复，并开展各项体育活动。

6月，第十五次省运会在东较场举行。本次省运会，由张发奎任名誉会长，罗卓英任会长，姚宝猷、欧阳驹任副会长，许民辉、丘纪祥、赵善性任副总干事。先举行县级联赛，随后是省级比赛。